Soirée BARBECUE!

VIANDES · POISSONS · LÉGUMES · SAUCES · ACCOMPAGNEMENTS

Éditions marie claire

SOMMAIRE

AVANT-PROPOS

Quand on entend barbecue, on entend soleil et sardines grillées. On entend les viandes chanter, les marinades crépiter, les épis de maïs croquer. Chaque année, le barbecue et ses irrésistibles parfums nous réunissent pour officialiser et célébrer l'été.

Alors on pense vacances et évasion. L'art de la grillade ne connaît aucune frontière, la cuisson sur le feu est commune à toutes les cuisines du monde. Chaque continent la pratique depuis toujours, chaque région l'a fait évoluer de mille et une façons. Produits exotiques, marinades parfumées et salsas épicées, le barbecue est l'occasion rêvée de tester des recettes venues d'ailleurs et de s'offrir un voyage gustatif entre amis.

On pense évidemment simplicité et convivialité. Certes le barbecue a acquis ses lettres de noblesse au pays de la haute gastronomie, il n'en reste pas moins le repas pendant lequel on aime oublier les codes de la grande cuisine. Les viandes côtoient les brochettes de fraises, chacun enfile à tour de rôle la toque de chef, on cuisine, on discute et on mange tout en même temps. Fidèles à cet esprit de détente, toutes les recettes de ce livre se préparent à l'avance. Une fois le barbecue lancé, il ne reste plus qu'à savourer les grillades l'esprit léger avec ses invités.

On pense aussi gourmandise et générosité. Le barbecue, c'est cette parenthèse plaisir pendant laquelle on voit les choses en grand. Nul scrupule à avoir la main un peu lourde sur les sauces, à prévoir des portions plus grandes qu'à l'accoutumée. Inspirez-vous de nos quelques idées recettes et prévoyez toujours différents dips, chutneys et toppings pour accompagner vos viandes, légumes et brochettes sucrées.

Quand on pense barbecue, on pense enfin terroir et authenticité. Le temps de quelques grillades et salades, on redécouvre les saveurs des produits bruts, juste marinés et grillés, simplement sublimés. Honneur donc aux légumes colorés du jardin à travers un délicieux chapitre 100 % végétarien. Et on en profite pour initier ni vu ni connu tous les (grands) enfants aux produits dans leur plus simple appareil. Leurs papilles sont souvent plus réceptives lorsqu'ils s'amusent sans être bloqués à table… Surtout si on leur apporte la preuve ultime qu'il n'y a pas que les brochettes de Chamallows dans la vie d'un barbecue ! Le dessert passe aussi sur le gril, dans un chapitre final tout feu tout sucre.

De l'entrée au dessert, autour du monde et au jardin, le barbecue fait sa révolution, c'est ici et c'est maintenant !

ÉPICERIE DE BASE

En cuisine, il suffit souvent d'avoir les bons ingrédients sous la main pour réussir de grands plats. Avec quelques produits incontournables au placard, improvisez cet été et toute l'année des marinades express et salsas surprenantes pour des grillades tendres et parfumées.

Bouteille d'huile piquante

Idéale dans une marinade pour des poissons (thon, espadon…), également pour assaisonner des légumes farcis ou une pizza au dernier moment.

Préparez vous-même :

Choisissez une bouteille de 1 l d'huile d'olive de qualité.
Versez 30 cl dans une casserole et faites chauffer. Ajoutez 5 petits piments oiseaux (pili-pili) et laissez chauffer 10 min sur feu doux. Retirez du feu et laissez refroidir.
Insérez 5 brins de thym séché, 4 feuilles de laurier séché et 1 brin de romarin séché dans la bouteille contenant le reste de l'huile d'olive. Ajoutez 1 cuillerée à soupe de graines de coriandre et 1 cuillerée à soupe de grains de poivre noir.
Lorsque l'huile pimentée est bien froide, reversez-la dans la bouteille et refermez.
Réservez au moins 2 semaines (idéalement 1 mois) à l'abri de la lumière avant de consommer.

Chili moulu

Un mélange d'épices (à base de piment fort, ail, cumin, paprika, ail, clou de girofle, origan, parfois oignon déshydraté) idéal pour donner du caractère à des viandes (bœuf, porc), des légumes et des recettes avec du fromage. Utilisez-le dans une marinade sèche ou liquide, ou frottez-en simplement une pièce de viande juste avant de la griller.

Cumin et paprika moulus

Un mélange d'épices simple et doux. Passe-partout, il s'associe très bien avec la volaille, le bœuf, le porc, les légumes, les poissons et même les fruits de mer. Incorporez-le directement dans des viandes hachées (pour réaliser des burgers par exemple) ou dans vos marinades sèches et liquides.

Herbes

Glissez-les dans les marinades liquides, les burgers, sous la peau de la volaille. Choisissez-les en fonction du produit et de la note (asiatique, provençale…) que vous souhaitez lui apporter.
Aneth : volailles, poissons, fruits de mer, pommes de terre…
Basilic : volailles, poissons…
Coriandre : volailles, porc, agneau…
Origan : agneau, bœuf, poisson.
Romarin : poisson, volaille, fruits…
Thym : bœuf, poisson, porc, volaille, fruits…

Huile de sésame

Comme les huiles d'arachide ou d'olive, elle présente l'avantage de supporter les fortes chaleurs. Utilisez-la dans une marinade, ou pour badigeonner et parfumer les produits (volaille, légumes…) pendant leur cuisson.

Lait de coco

Idéal pour attendrir et parfumer les chairs (poissons, volaille…) dans une marinade.

Moutarde

Badigeonnez-la simplement sur des côtelettes de porc ou des filets de volaille.
Choisissez une moutarde forte (de Dijon) de très bonne qualité. Pour donner une saveur supplémentaire à vos grillades, optez pour des moutardes parfumées aux herbes, au miel ou encore au vin blanc. Pensez également à glisser quelques graines de moutarde concassées dans les marinades liquides de vos viandes.

ÉPICERIE DE BASE – SUITE

Sauce Newman's Own sticky BBQ

L'incontournable sauce sirupeuse « made in USA », à base de tomate, de miel, de piment et d'aromates. Idéale pour badigeonner des côtelettes de porc ou d'agneau.

Pâte miso

Elle parfume et sale une marinade asiatique. Incorporez-la avec parcimonie, ses parfums sont très puissants. Elle donne notamment de la saveur au tofu. Diluée dans une marinade à base de sauce soja, de miel et de vinaigre de riz, elle permet également d'obtenir de savoureuses darnes de saumon laquées.

Pâte wasabi

Incorporez-la avec parcimonie dans une marinade ou une sauce asiatique en remplacement de la moutarde.

Purée d'ail
Purée de citronnelle
Purée de gingembre
Purée de piment

Diluées avec parcimonie dans un liquide, elles suffisent à parfumer et épicer en un clin d'œil tous vos dips et marinades.

Sauce nuoc-mâm

Sauce à base de poisson fermenté incontournable pour donner une touche asiatique à votre barbecue. Ajoutez-la avec parcimonie dans une marinade, en remplacement du sel. Idéale pour des brochettes de crevettes, en association avec un peu de gingembre, de piment et de menthe.

Sauce soja

Incontournable, elle parfume et sale toutes vos marinades et sauces. Aromatisez-la en y ajoutant du gingembre frais. Selon les envies et les besoins, pensez à ses versions sans gluten (tamari), sucrée ou allégée en sel.

Sauce sriracha

Elle donne du piment et des notes thaïes à vos grillades à base de poissons ou de légumes. Quelques gouttes suffisent à pimenter une sauce d'accompagnement.

Sauce teriyaki

Elle est utilisée en marinade pour parfumer et attendrir des viandes ou des darnes de poisson. Badigeonnez les versions au miel ou à l'ail confit en cours de cuisson, vous obtiendrez des grillades croustillantes et gorgées de saveurs.

Sauce yakitori

Idéale en marinade et pour griller de savoureuses brochettes de volaille ou de poisson.

Sels parfumés

Pour vos marinades sèches, pensez aux sels aromatisés : à l'ail, aux herbes, à l'oignon, au céleri… Ajustez la quantité de sel au produit à griller : les pièces de bœuf et le poisson demandent généralement plus d'assaisonnement.

GRILLADES DU MONDE GRILLADES DU MONDE GRILLADES DU MONDE GRILLADES DU MONDE GRILLADES DU MONDE

GRILLADES DU MONDE GRILLADES DU MONDE GRILLADES DU MONDE GRILLADES DU MONDE GRILLADES DU MONDE

GRILLADES DU MONDE GRILLADES DU MONDE GRILLADES DU MONDE GRILLADES DU MONDE GRILLADES DU MONDE

GRILLADES DU MONDE

GRILLADES DU MONDE

SAUCES & DIPS

CRÈME DE MAÏS

300 g de maïs (en conserve) • 50 cl de crème liquide • 2 cuil. à soupe d'huile d'arachide • 1 oignon • 1 cuil. à café de curry moulu • ½ cuil. à café de paprika moulu • Une pincée de piment de Cayenne moulu • Sel

Égouttez le maïs. Pelez l'oignon et hachez-le finement. Faites chauffer l'huile dans une casserole, puis faites revenir l'oignon 2-3 min en remuant. Ajoutez la crème liquide et faites chauffer en remuant. Lorsque la crème a réduit de moitié, ajoutez le maïs et laissez mijoter 10 min environ en remuant. Retirez du feu et mixez jusqu'à l'obtention d'une crème onctueuse. Ajoutez le curry, le paprika et une pincée de piment de Cayenne. Salez.

Versez dans un bol et laissez refroidir. Couvrez de film alimentaire et réservez au frais jusqu'au barbecue.

Servez par exemple avec des brochettes de volaille.

GREMOLATA À LA CORIANDRE

1 botte de persil plat • ½ botte de coriandre • 2 gousses d'ail • 2 citrons bio • Sel • Poivre

Effeuillez le persil et la coriandre, puis hachez-les finement. Pelez et dégermez les gousses d'ail. À l'aide d'une râpe Microplane, râpez l'ail et le zeste des citrons. Mélangez bien tous les ingrédients dans un bol, salez et poivrez.

Couvrez de film alimentaire et réservez au frais jusqu'au barbecue.

Servez par exemple sur des filets de volaille ou une darne de saumon.

SAUCES & DIPS – SUITE

RELISH

3 concombres • 2 oignons • 1 petit piment rouge • 40 cl de vinaigre blanc • 150 g de sucre • 1 cuil. à soupe de graines de moutarde • 1 cuil. à café de graines de coriandre • Gros sel

Lavez les concombres, coupez-les en deux et épépinez-les. Râpez-les à la façon de carottes ou hachez-les en brunoise. Pelez et hachez finement les oignons. Disposez les concombres râpés et les oignons hachés dans un plat, recouvrez-les de gros sel. Réservez au moins 3 h pour débarrasser les légumes de leur eau.

Passé ce délai, rincez-les soigneusement pour éliminer le sel. Émincez très finement le petit piment rouge.

Dans une grande casserole, mélangez le vinaigre blanc, le sucre, les graines de moutarde et les graines de coriandre. Portez à ébullition, puis ajoutez le concombre, l'oignon et le piment. Laissez mijoter jusqu'à l'obtention d'un mélange sirupeux.

Rectifiez l'assaisonnement, versez dans un bol et laissez refroidir. Couvrez de film alimentaire et réservez au frais jusqu'au barbecue.

Servez par exemple dans un hot dog.

SALSA DE PIMIENTOS DEL PIQUILLO

300 g de pimientos del piquillo (en bocal) • 10 cl de coulis de tomates • ½ botte de coriandre • 2 cuil. à soupe d'huile d'olive • 1 cuil. à soupe de miel • 1 cuil. à café de paprika moulu • ½ cuil. à café de purée d'ail • Une pincée de piment de Cayenne moulu • Sel

Effeuillez la coriandre et hachez-la finement. Égouttez les pimientos del piquillo. Hachez-les grossièrement et placez-les dans le bol d'un robot. Ajoutez le coulis de tomates et mixez par à-coups jusqu'à l'obtention d'un coulis homogène. Ajoutez l'huile d'olive, le miel, le paprika, la purée d'ail et une pincée de piment de Cayenne. Salez et mélangez bien. Ajoutez la coriandre hachée, rectifiez l'assaisonnement.

Versez dans un bol, couvrez de film alimentaire et réservez au frais jusqu'au barbecue.

Servez par exemple avec des brochettes de poisson blanc.

SAUCE AIGRE-DOUCE

20 cl de jus d'ananas • 10 cl de vinaigre de riz • 100 g de sucre • 2 cuil. à soupe de ketchup • 1 cuil. à soupe de sauce soja • 1 cuil. à soupe de miel • 1 cuil. à soupe de Maïzena • 1 cuil. à café de purée de gingembre

Dans un verre, diluez la Maïzena dans 2 cuillerées à soupe d'eau.

Dans une casserole, mélangez le jus d'ananas, le vinaigre de riz, le sucre, le ketchup, la sauce soja et le miel. Portez à ébullition, puis laissez mijoter 10 min environ en remuant. Ajoutez la Maïzena diluée, fouettez bien, puis reportez à ébullition en remuant. Lorsque la sauce a suffisamment épaissi, ajoutez la purée de gingembre.

Rectifiez l'assaisonnement, versez dans un bol et laissez refroidir. Couvrez d'un film alimentaire et réservez au frais jusqu'au barbecue.

Servez par exemple avec des crevettes grillées.

SAUCES & DIPS - SUITE

SAUCE BARBECUE

30 cl de ketchup • 100 g de cassonade • 4 cuil. à soupe de miel • 3 cuil. à soupe de vinaigre de cidre • 2 cuil. à soupe de sauce Worcestershire • 2 cuil. à soupe de moutarde • 1 cuil. à café de purée d'ail • 2 cuil. à soupe de beurre • 1 cuil. à café de piment moulu • 1 oignon

Pelez 1 oignon et hachez-le très finement. Faites chauffer le beurre dans une sauteuse. Ajoutez l'oignon haché et le piment. Faites chauffer 2 min sur feu vif en remuant.

Ajoutez le ketchup, la cassonade, le miel, le vinaigre de cidre, la sauce Worcestershire, la moutarde et la purée d'ail. Mélangez bien, portez à ébullition, puis laissez mijoter en remuant jusqu'à l'obtention d'une sauce sirupeuse. Rectifiez l'assaisonnement.

Versez dans un bol et laissez refroidir. Couvrez de film alimentaire et réservez au frais jusqu'au barbecue.

Servez par exemple avec des ribs de porc ou des pièces de bœuf.

SAUCE BLANCHE PIMENTÉE

200 g de feta • 2 yaourts à la grecque • 1 gousse d'ail • 1 cuil. à soupe d'huile d'olive • ½ cuil. à café de cumin moulu • ½ cuil. à café de paprika moulu • Quelques gouttes de Tabasco (selon le résultat voulu, plus ou moins pimenté) • Sel

Pelez et dégermez la gousse d'ail. Émiettez la feta dans le bol d'un robot. Ajoutez les yaourts et la gousse d'ail. Mixez par à-coups jusqu'à l'obtention d'une préparation lisse et homogène. Incorporez l'huile d'olive, le cumin, le paprika et quelques gouttes de Tabasco. Salez et versez dans un bol.

Couvrez de film alimentaire et réservez au frais jusqu'au barbecue.

Servez par exemple avec des kebabs d'agneau.

Variantes :
Vous pouvez ajouter quelques feuilles de menthe finement hachées ou le zeste d'une orange bio finement râpé.

SAUCE CACAHUÈTES

150 g de beurre de cacahuètes • 30 cl de crème de coco • 3 cuil. à soupe de sauce soja • 3 cuil. à soupe d'huile d'arachide • 2 cuil. à soupe de sauce nuoc-mâm • 2 cuil. à soupe de miel • 1 oignon • 1 cuil. à café de curcuma moulu • ½ cuil. à café de purée de piment

Pelez l'oignon et hachez-le finement. Faites chauffer l'huile d'arachide dans une poêle, puis faites revenir l'oignon 2-3 min en remuant. Hors du feu, ajoutez la crème de coco, la sauce soja, la sauce nuoc-mâm, le miel, le curcuma et la purée de piment. Incorporez enfin le beurre de cacahuètes, mélangez bien jusqu'à l'obtention d'une sauce homogène. Rectifiez l'assaisonnement et versez dans un bol.

Couvrez de film alimentaire et réservez au frais jusqu'au barbecue.

Servez par exemple avec des brochettes de volaille.

SAUCE CHIMICHURRI

1 poivron rouge • 1 petit piment rouge • 1 botte de persil plat • ½ botte de coriandre • ½ botte de basilic • 20 cl d'huile d'olive • 2 cuil. à soupe de vinaigre de cidre • 1 cuil. à café de purée d'ail • 2 échalotes • Sel

Coupez le poivron rouge en deux, éliminez le pédoncule, les pépins et les parties blanches. Détaillez la chair en tout petits dés. Fendez le piment rouge, éliminez ses pépins, puis hachez-le très finement. Pelez les échalotes et coupez-les en très petits morceaux. Effeuillez les herbes, puis ciselez-les finement.

Dans un bol, mélangez l'huile d'olive, le vinaigre de cidre et la purée d'ail. Ajoutez les herbes, le poivron, le piment et les échalotes. Salez.

Couvrez de film alimentaire et réservez au frais jusqu'au barbecue.

Servez par exemple avec des brochettes de crustacés ou une côte de bœuf.

SAUCES & DIPS – SUITE

SAUCE CRIOLLA

3 tomates · 1 poivron rouge · 1 poivron vert · 15 cl d'huile d'olive · 3 cuil. à soupe de vinaigre · ½ botte de persil plat · ¼ de botte de coriandre · 3 échalotes · ¼ de cuil. à café de purée d'ail · Une pincée de piment de Cayenne moulu · Sel

Plongez les tomates quelques secondes dans une casserole d'eau bouillante, puis pelez-les. Coupez-les en quartiers et épépinez-les. Détaillez leur chair en tout petits dés.

Coupez le pédoncule des poivrons. Coupez-les en deux, éliminez les pépins et les parties blanches. Détaillez leur chair en tout petits dés.

Pelez et hachez les échalotes. Hachez finement les herbes.

Dans un bol, mélangez l'huile d'olive, le vinaigre, la purée d'ail et une pincée de piment de Cayenne. Salez. Ajoutez les légumes, les herbes et mélangez bien.

Couvrez de film alimentaire et réservez au frais jusqu'au barbecue.

Servez par exemple avec des brochettes de poisson blanc ou un steak de bœuf.

SAUCE GORGONZOLA

250 g de gorgonzola • 30 cl de crème liquide • ½ cuil. à café de purée d'ail • Sel • Poivre

Détaillez le gorgonzola en dés. Portez la crème liquide à ébullition dans une casserole. Sur feu doux, ajoutez les dés de fromage et mélangez jusqu'à l'obtention d'une crème lisse. Retirez du feu et ajoutez la purée d'ail. Salez, poivrez.

Servez par exemple avec une entrecôte.

SAUCE INDIENNE

1 oignon • 20 cl de lait de coco • 10 cl de coulis de tomates • 2 cuil. à soupe de miel • 2 cuil. à soupe d'huile d'arachide • 2 cuil. à café de mélange 4-épices • 1 cuil. à café de cannelle moulue • ½ cuil. à café de purée de piment • ½ cuil. à café de purée de gingembre moulu • ½ cuil. à café de garam masala

Pelez l'oignon et hachez-le finement. Dans une sauteuse, faites chauffer l'huile d'arachide. Ajoutez le mélange 4-épices et la cannelle. Faites chauffer 2 min sur feu vif en remuant sans cesse. Ajoutez l'oignon et faites-le revenir 3-4 min en remuant. Ajoutez le garam masala, le coulis de tomates et le miel. Faites chauffer 2 min supplémentaires en remuant, puis ajoutez le lait de coco. Faites mijoter 5 min environ, puis retirez du feu. Ajoutez la purée de piment et la purée de gingembre. Versez dans un bol et laissez refroidir.

Couvrez de film alimentaire et réservez au frais jusqu'au barbecue.

Servez par exemple avec des brochettes de poulet.

SAUCES & DIPS – SUITE

SAUCE NAM JIM

½ botte de coriandre • 1 échalote • 1 citron vert • 6 cuil. à soupe de sauce nuoc-mâm • 3 cuil. à soupe de cassonade • 1 cuil. à café de purée de piment • ½ cuil. à café de purée d'ail • ½ cuil. à café de purée de gingembre • 1 cuil. à soupe de flocons de piment

Effeuillez, puis hachez la coriandre. Pelez et hachez finement l'échalote. Pressez le citron vert.

Dans un bol, mélangez la sauce nuoc-mâm, le jus du citron vert et la cassonade. Ajoutez l'échalote hachée, la purée de piment, la purée d'ail et la purée de gingembre. Ajoutez la coriandre hachée et les flocons de piment.

Rectifiez l'assaisonnement à votre convenance : plus ou moins sucré, salé et pimenté. Couvrez de film alimentaire et réservez au frais jusqu'au barbecue.

Servez par exemple avec des brochettes de volaille.

SAUCE PILI-PILI

10 petits piments rouges (pili-pili) • 2 échalotes • 1 citron jaune • 3 cuil. à soupe de sauce soja • 2 cuil. à soupe de miel • 2 cuil. à soupe d'huile d'olive

Hachez finement les petits piments rouges. Pressez le citron. Pelez et hachez finement les échalotes. Faites chauffer l'huile d'olive dans une poêle, puis faites revenir les échalotes 3-4 min en remuant. Ajoutez le piment haché et faites revenir 2 min supplémentaires en remuant. Hors du feu, ajoutez la sauce soja, le miel et le jus de citron. Laissez mijoter en remuant jusqu'à obtenir une sauce légèrement sirupeuse. Rectifiez l'assaisonnement, versez dans un bol et laissez refroidir.

Couvrez de film alimentaire et réservez au frais jusqu'au barbecue.

Servez par exemple avec des brochettes de bœuf.

SAUCES & DIPS - SUITE

RAÏTA DE CAROTTES

300 g de yaourt à la grecque • 3 carottes • ½ botte de coriandre • 1 cuil. à café de cumin moulu • Une pincée de piment de Cayenne moulu • Sel

Effeuillez, puis hachez finement la coriandre.

Lavez et épluchez 3 carottes. Râpez-les à l'aide d'une râpe Microplane. Pressez-les dans une passoire fine pour les débarrasser de leur eau.

Dans un bol, mélangez l'écrasé de carottes, le yaourt, le cumin et une pincée de piment de Cayenne. Salez et ajoutez la coriandre hachée.

Couvrez de film alimentaire et réservez au frais jusqu'au barbecue.

Servez par exemple avec des brochettes d'agneau.

SAUCE VERTE

2 tomates vertes • 1 échalote • 1 botte de persil plat • ½ botte de coriandre • ½ botte de basilic • 5 cuil. à soupe d'huile d'olive • 2 cuil. à soupe de jus de citron vert • 1 cuil. à café de cumin moulu • 1 cuil. à café de sucre • ½ cuil. à café de purée d'ail • ¾ de cuil. à café de sel

Pelez les tomates vertes à l'aide d'un économe. Coupez-les en deux, épépinez-les, puis hachez-les grossièrement. Pelez et hachez grossièrement l'échalote. Effeuillez les herbes. Dans le bol d'un robot, mixez les tomates, l'échalote, le jus de citron vert, le cumin, le sucre, le sel et la purée d'ail jusqu'à l'obtention d'une sauce homogène. Ajoutez les herbes et mixez rapidement. Pour finir, incorporez l'huile d'olive. Rectifiez l'assaisonnement et versez dans un bol.

Couvrez de film alimentaire et réservez au frais jusqu'au barbecue.

Servez par exemple avec des brochettes d'agneau.

SAUCE WORCESTERSHIRE

4 filets d'anchois • 1 citron vert • 20 cl de vinaigre de cidre • 150 g de miel • 3 cuil. à soupe de sauce nuoc-mâm • 2 cuil. à soupe d'huile d'olive • 1 cuil. à soupe de sauce soja • 1 cuil. à soupe de moutarde douce • 1 cuil. à café de miso • ½ cuil. à café de purée d'ail • ¼ de cuil. à café de purée de gingembre • 1 cuil. à café d'oignon séché • ½ cuil. à café de mélange 4-épices • Une pincée de piment fort moulu

Hachez les filets d'anchois. Pressez le citron, versez le jus dans un bol. Ajoutez le vinaigre de cidre, le miel, la sauce nuoc-mâm, l'huile d'olive, la sauce soja, la moutarde, le miso, la purée d'ail et la purée de gingembre. Mélangez, puis ajoutez les anchois, l'oignon séché, le mélange 4-épices et une pincée de piment. Rectifiez l'assaisonnement.

Couvrez de film alimentaire et réservez au frais jusqu'au barbecue. Servez par exemple avec un bifteck.

BŒUF MARINÉ À LA BIÈRE BRUNE, *toasts de gremolata au gingembre*

INGRÉDIENTS

POUR 6 PERSONNES

POUR LA VIANDE :

1,5 kg de bavette de bœuf taillée en 4 biftecks • 33 cl de Guinness • 15 cl de sauce teriyaki à l'ail confit
3 cuil. à soupe de sauce soja sucrée • 2 cuil. à soupe de sirop d'érable (ou de miel)
1 cuil. à café de purée de piment • 4 échalotes • 2 cm de gingembre • Sel • Poivre

POUR LES TOASTS DE GREMOLATA :

2 flûtes de pain • 1 botte de persil plat • ½ botte de ciboulette
3 cm de gingembre • 2 citrons bio • 2 gousses d'ail • Une pincée de piment de Cayenne • Sel

USTENSILES :

Cure-dents

Mise en place - La veille du barbecue

Demandez à votre boucher de vous préparer 1,5 kg de bavette de bœuf en 4 biftecks. Disposez-les dans un plat à bord haut, sans les superposer.

Pelez et hachez finement les échalotes. Pelez et hachez le gingembre. Dans un bol, mélangez la bière, la sauce teriyaki, la sauce soja sucrée, le sirop d'érable (ou le miel) et la purée de piment. Ajoutez les échalotes et le gingembre, salez et poivrez. Versez cette marinade sur les biftecks, retournez-les plusieurs fois pour bien les enrober. Couvrez de film alimentaire et réservez toute une nuit au frais.

Préparez la gremolata au gingembre : pelez le gingembre. Effeuillez la botte de persil plat et la botte de ciboulette, hachez-les finement. Pelez et dégermez les gousses d'ail. À l'aide d'une râpe Microplane, râpez le gingembre, l'ail et le zeste des citrons. Mélangez bien tous les ingrédients dans un bol, ajoutez une pincée de piment de Cayenne et salez. Couvrez de film alimentaire et réservez au frais jusqu'au barbecue.

Au moment du barbecue

Taillez les flûtes de pain en tranches et toastez-les rapidement sur le barbecue. Grillez les biftecks 4 min environ de chaque côté (chaleur directe), en les badigeonnant régulièrement de leur marinade. Taillez-les en gros cubes, piquez-les de cure-dents. Servez avec les toasts de gremolata au gingembre.

PRÉPARATION AVANT	REPOS	CUISSON
30 MIN	UNE NUIT	10 MIN

BROCHETTES KEFTA

aux pistaches et pignons, sauce muhammara

INGRÉDIENTS

POUR 4 PERSONNES

POUR LES BROCHETTES : 500 g de viande d'agneau hachée • 300 g de viande de bœuf hachée • 2 oignons • 1 œuf ¼ de botte de coriandre • ¼ de botte de persil plat • 10 feuilles de menthe • 1 poignée de pistaches • 1 poignée de cacahuètes • 1 cuil. à café de purée de piment • 1 cuil. à café de cumin • ½ cuil. à café de cannelle • Sel • Poivre
POUR LA SAUCE : 4 poivrons rouges • 150 g de cerneaux de noix • 50 g de pistaches • 4 cuil. à soupe de chapelure • 3 cuil. à soupe d'huile d'olive • 3 cuil. à soupe de mélasse de grenade (en épiceries orientales – à défaut, un miel fruité) • 1 cuil. à soupe de jus de citron • 2 cuil. à café de cumin moulu • 1 cuil. à café de purée de piment • Sel • **USTENSILES :** Piques à brochettes

Mise en place - Au moins 1 h 30 avant le repas

Pelez les oignons et hachez-les finement. Hachez finement les herbes. Dans un saladier, mélangez les viandes hachées avec les oignons, les herbes, la purée de piment, le cumin et la cannelle. Salez et poivrez. Couvrez de film alimentaire et réservez au moins 1 h au frais.

Préparez la sauce muhammara : torréfiez les cerneaux de noix à sec dans une poêle. Retirez du feu, ajoutez les pistaches et laissez refroidir.

Préchauffez le four à 180 °C (th. 6). Coupez les pédoncules des poivrons rouges. Coupez-les en deux, éliminez les pépins et les parties blanches. Placez-les sur une plaque tapissée de papier cuisson et enfournez pour 30 min environ. Dès leur sortie du four, enfermez les poivrons dans un grand sac surgélation, pour 10 min environ. Détachez ensuite la peau des poivrons et laissez-les refroidir.

Lorsque la chair des poivrons est froide, placez-la dans le bol d'un mixeur. Ajoutez le mélange de noix et de pistaches, la chapelure, le jus de citron, le cumin et la purée de piment. Mixez par à-coups jusqu'à l'obtention d'une sauce homogène. Incorporez l'huile d'olive, puis la mélasse (ou le miel). Rectifiez l'assaisonnement.

Versez dans un bol, couvrez de film alimentaire et réservez au frais jusqu'au repas.

Au moment du repas

Concassez les pistaches et les cacahuètes. Mélangez les viandes hachées avec l'œuf, les éclats de pistaches et de cacahuètes. Humidifiez légèrement vos mains et formez 8 boudins avec cette préparation. Huilez et préchauffez la plancha. Enfilez les boudins sur des piques à brochettes, puis faites cuire les brochettes 8 min environ, en les tournant régulièrement. Servez-les avec la sauce muhammara.

PRÉPARATION AVANT	REPOS	PRÉPARATION PENDANT	CUISSON
1 H	1 H	15 MIN	40 MIN

CHORI BURGER
au guacamole

INGRÉDIENTS

POUR 6 PERSONNES

POUR LE BURGER :

6 pains à burger (ou petits pains blancs type pan-bagnat) • 6 grosses saucisses fumées (de Morteau, de Montbéliard) • 12 feuilles de salade • 2 oignons rouges

POUR LE GUACAMOLE :

4 avocats bien mûrs • 6 tomates séchées à l'huile • 2 oignons rouges
1 citron vert • 1 cuil. à café de purée de piment • Sel

Mise en place - Au moins 1h30 avant le repas

Faites cuire les saucisses : plongez-les dans une casserole d'eau froide et portez à ébullition. Dès les premiers bouillons, faites cuire sur feu doux 30 à 40 min selon leur taille. Lorsqu'elles sont cuites, égouttez-les et laissez-les refroidir. Disposez-les dans un plat, couvrez de film alimentaire et réservez au frais jusqu'au repas.

Préparez le guacamole aux tomates séchées : pressez le citron vert. Hachez finement les tomates séchées. Pelez les oignons et hachez-les finement. Coupez les avocats en deux et retirez les noyaux. Détachez la chair, puis hachez-la en tout petits morceaux. Dans un bol, mélangez la chair de l'avocat hachée avec les oignons, les tomates séchées, le jus du citron vert et la purée de piment. Salez. Couvrez de film alimentaire et réservez au frais jusqu'au repas.

Au moment du repas

Lavez les feuilles de salade, égouttez-les. Pelez les oignons, taillez-les en fines rondelles.

Huilez et préchauffez la plancha.

Fendez les saucisses en deux dans la longueur, puis faites-les cuire 4-5 min de chaque côté sur la plancha. Fendez les pains à burger en deux, faites-les rapidement dorer sur la plancha. Déposez une couche généreuse de guacamole sur la moitié inférieure puis deux moitiés de saucisse. Disposez quelques rondelles d'oignons et deux feuilles de salade. Tartinez un peu de guacamole sur la moitié du pain supérieure et refermez le burger. Faites de même pour les 5 autres burgers.

PRÉPARATION AVANT	PRÉPARATION PENDANT	CUISSON
1 H	15 MIN	50 MIN

VARIANTES

Pour changer du guacamole, garnissez les burgers avec une sauce criolla ou chimichurri (recettes p. 14-15).

CAILLES ET PATATES DOUCES
au beurre de cacao pimenté

INGRÉDIENTS

POUR 4 PERSONNES

8 cailles • 8 patates douces • 20 cl d'huile d'olive • 2 citrons verts • ½ botte de persil plat
1 cuil. à café de purée de piment • Sel • Poivre

POUR LE BEURRE DE CACAO PIMENTÉ : 150 g de beurre mou aux cristaux de sel
3 cuil. à soupe de cacao en poudre non sucré • ¼ cuil à café de piment moulu • Une pincée de fleur de sel

Mise en place - Au moins 4 h avant le barbecue

Lavez et brossez les patates douces. Faites-les cuire 15 min dans une casserole d'eau bouillante salée (départ eau froide). Pendant ce temps, préparez le beurre de piment et cacao : dans un bol, mélangez le beurre mou aux cristaux de sel avec le cacao en poudre et le piment en poudre. Ajoutez une pincée de fleur de sel. Couvrez de film alimentaire et réservez au frais jusqu'au barbecue.

Égouttez les patates douces et laissez-les refroidir.

Pendant ce temps, placez une caille sur la poitrine. À l'aide de ciseaux de cuisine, coupez de chaque côté de la colonne vertébrale. Éliminez la colonne vertébrale et retournez la caille. Pressez délicatement sur la poitrine pour aplatir la caille. Toujours à l'aide des ciseaux de cuisine, coupez-la en deux au milieu de la poitrine. Pratiquez quelques entailles sur la peau. Renouvelez l'opération avec le reste des cailles. Disposez les demi-cailles dans un plat à bord haut, sans les superposer.

Mélangez 15 cl d'huile d'olive, le jus des citrons verts et la purée de piment. Ajoutez le persil haché et salez. Versez cette marinade sur les cailles, retournez-les plusieurs fois pour bien les enrober. Couvrez de film alimentaire et réservez au moins 3 h au frais.

Disposez les patates douces refroidies deux par deux sur des feuilles de papier aluminium. Assaisonnez, arrosez d'un filet d'huile d'olive. Refermez bien pour former 8 papillotes, puis réservez au frais.

Au moment du barbecue

Sortez le beurre pour qu'il revienne à température. Placez les papillotes directement sur les cendres du barbecue, et laissez cuire 30 min environ.

Grillez les demi-cailles 5 min (chaleur directe), en les tournant et en les badigeonnant régulièrement de marinade. Finissez la cuisson 20 min en chaleur indirecte. Vérifiez la cuisson des patates douces en les piquant. Servez les demi-cailles avec les patates douces et le beurre de cacao.

PRÉPARATION AVANT : 1 H | REPOS : 3 H | CUISSON : 45 MIN

POULET
à la jerk

INGRÉDIENTS

POUR 6 PERSONNES

2 gros poulets fermiers • 2 échalotes • 1 oignon nouveau
½ botte de persil plat • 4 brins de thym • 5 cuil. à soupe d'huile de sésame
3 cuil. à soupe de graines de sésame • 3 cuil. à soupe de jus de citron vert
3 cuil. à soupe de sauce soja • 2 cuil. à soupe de vinaigre de cidre
2 cuil. à soupe de cassonade • 2 cuil. à café de purée d'ail
2 cuil. à café de poivre de la Jamaïque moulu • 2 cuil. à café de paprika moulu
1 cuil. à café de cannelle moulue • ½ cuil. à café de noix de muscade moulue • Sel

Mise en place - Au moins 4 h 30 avant le barbecue (idéalement toute une nuit)

Détaillez 2 poulets en morceaux (cuisses, pilons et filets) et pratiquez quelques incisions sur la peau. Disposez les morceaux de poulet dans un plat à bord haut, sans les superposer. Gardez les ailerons pour réaliser des chicken wings.

Effeuillez les brins de thym. Pelez les échalotes, hachez-les grossièrement. Émincez grossièrement l'oignon nouveau. Dans le bol d'un robot, mixez les échalotes et l'oignon nouveau avec le poivre de la Jamaïque, le paprika, la cannelle et la noix de muscade. Ajoutez l'huile de sésame, le jus de citron vert, la sauce soja, le vinaigre de cidre, la cassonade et la purée d'ail. Mélangez bien, puis ajoutez le thym. Salez. Versez cette marinade sur les morceaux de poulet, retournez-les plusieurs fois pour bien les enrober. Couvrez de film alimentaire et réservez au moins 4 h au frais.

Au moment du barbecue

Grillez les morceaux de poulet 10 min (chaleur directe), en les tournant et en les badigeonnant régulièrement de leur marinade. Finissez la cuisson 15 min environ en chaleur indirecte. Parsemez de graines de sésame et de quelques feuilles de persil plat hachées.

PRÉPARATION AVANT: 30 MIN
REPOS: 4 H*
CUISSON: 25 MIN

*IDÉALEMENT TOUTE UNE NUIT

CHICH TAOUK
et crème d'ail

INGRÉDIENTS

POUR 4-6 PERSONNES

1 kg de filets de poulet • 3 gousses d'ail • 2 citrons jaunes • Une dizaine de feuilles de menthe
6 cuil. à soupe d'huile d'olive • 2 cuil. à café de cumin moulu • 1 cuil. à café de cannelle moulue
1 cuil. à café de purée de piment • 1 cuil. à café de purée de citronnelle • 0,1 g de safran (facultatif)
Fleur de sel • Sel • Poivre

POUR LA CRÈME D'AIL :

100 g de purée d'ail • 15 cl d'huile d'olive • 1 cuil. à soupe de jus de citron • Sel

USTENSILES :

Piques à brochettes

Mise en place - Au moins 2 h 30 avant le repas

Détaillez les filets de poulet en gros cubes réguliers. Disposez-les dans un plat à bord haut, sans les superposer.

Pelez, dégermez et hachez les gousses d'ail. Pressez les citrons. Hachez finement les feuilles de menthe. Dans un bol, mélangez l'huile d'olive avec le jus des citrons, l'ail et la menthe. Ajoutez le cumin, la cannelle, la purée de piment, la purée de citronnelle et éventuellement le safran. Salez. Versez cette marinade sur les cubes de poulet, retournez-les plusieurs fois pour bien les enrober. Couvrez de film alimentaire et réservez au moins 2 h au frais.

Préparez la crème d'ail (« Toum ») : versez la purée d'ail dans un bol. Salez. Incorporez l'huile d'olive en filet, sans cesser de fouetter. Ajoutez le jus de citron et rectifiez l'assaisonnement. Couvrez de film alimentaire et réservez au frais jusqu'au repas.

Au moment du repas

Préchauffez la plancha.

Embrochez les cubes de poulet sur des piques à brochettes. Faites-les cuire 8-10 min sur la plancha, en les tournant et en les badigeonnant régulièrement de leur marinade. Assaisonnez les brochettes d'une pincée de fleur de sel et d'un tour de moulin à poivre, puis servez-les avec la crème d'ail.

PRÉPARATION AVANT	REPOS	PRÉPARATION PENDANT	CUISSON
30 MIN	2 H	10 MIN	10 MIN

CHICKEN WINGS
au chili et au romarin

INGRÉDIENTS

POUR 4 PERSONNES

16 ailerons de poulet • ½ botte de romarin
15 cl de sauce teriyaki à l'ail confit • 100 g de miel
3 cuil. à soupe d'huile d'olive • 2 cuil. à soupe de sauce sriracha

Mise en place - Au moins 3 h 15 avant le barbecue

Pratiquez quelques incisions sur la peau des ailerons de poulet. Disposez-les dans un plat à bord haut, sans les superposer.

Hachez grossièrement la demi-botte de romarin. Dans un bol, mélangez la sauce teriyaki à l'ail confit, l'huile d'olive, le miel et la sauce sriracha. Ajoutez le romarin haché. Versez cette marinade sur les ailerons de poulet, retournez-les plusieurs fois pour bien les enrober. Couvrez de film alimentaire et réservez au moins 3 h au frais.

Au moment du barbecue

Grillez les ailerons de poulet 8 min environ (chaleur directe), en les tournant et en les arrosant régulièrement de leur marinade. Finissez la cuisson 15 min environ en chaleur indirecte.

PRÉPARATION AVANT
15 MIN

REPOS
3 H

CUISSON
25 MIN

GAMBAS GÉANTES

gingembre et citronnelle, aïoli de coriandre

INGRÉDIENTS

POUR 4 PERSONNES

8 gambas géantes (fraîches ou surgelées) • 6 cuil. à soupe d'huile d'olive • 4 cuil. à soupe de vinaigre de riz
2 cuil. à soupe de sauce nuoc-mâm • 1 cuil. à soupe de sauce sriracha • 1 cuil. à café de purée de gingembre
1 cuil. à café de purée de citronnelle • ½ botte de coriandre • 1 gousse d'ail • Fleur de sel

POUR L'AÏOLI :

25 cl d'huile d'olive • 10 cl d'huile de sésame • 3 jaunes d'œufs
6 gousses d'ail • ½ botte de coriandre • 2 cuil. à café de sauce sriracha • Sel

Mise en place - Au moins 1h30 avant le repas

Ouvrez les gambas géantes fraîches en deux en les incisant dans la longueur à l'aide d'un couteau bien affûté. Retirez le filament noir avec la pointe du couteau. Vous pouvez également demander à votre poissonnier de les préparer pour vous ou choisir des gambas géantes surgelées. Disposez-les dans un plat à bord haut, côté chair vers le haut et sans les superposer.

Effeuillez la demi-botte de coriandre. Pelez, dégermez et hachez la gousse d'ail. Dans un bol, mélangez l'huile d'olive, le vinaigre de riz, la sauce nuoc-mâm, la sauce sriracha, la purée de gingembre, la purée de citronnelle et les feuilles de coriandre. Versez cette marinade sur les gambas, retournez-les plusieurs fois pour bien enrober leur chair. Couvrez de film alimentaire et réservez 1 h au frais.

Préparez la sauce aïoli gingembre et coriandre : dans un bol, mélangez l'huile d'olive et l'huile de sésame. Hachez très finement les feuilles de coriandre. Pelez, dégermez et hachez très finement les gousses d'ail. Dans un saladier, fouettez les jaunes d'œufs avec une pincée de sel. Ajoutez l'ail et mélangez bien. Ajoutez les premières gouttes d'huiles en fouettant bien pour démarrer l'émulsion. Versez le reste des huiles en filet et sans cesser de fouetter jusqu'à l'obtention d'une mayonnaise à l'ail onctueuse. Incorporez la sauce sriracha et la coriandre hachée. Couvrez de film alimentaire et réservez au frais jusqu'au repas.

Au moment du repas

Huilez et préchauffez la plancha.

Faites cuire les gambas 6 min environ sur la plancha, côté chair vers le haut et en badigeonnant régulièrement la chair de marinade : les gambas sont prêtes lorsque leur chair commence à se détacher sur les bords. Servez-les avec une pincée de fleur de sel et l'aïoli de coriandre.

PRÉPARATION	REPOS	PRÉPARATION PENDANT	CUISSON
30 MIN	1 H	10 MIN	6 MIN

INVOLTINI
à la romana

INGRÉDIENTS

POUR 4-6 PERSONNES

6 grandes escalopes de veau très fines • 250 g de provolone (à défaut, de la mozzarella) • 16 feuilles de sauge • 6 tranches de pancetta 10 cl d'huile d'olive • 2 cuil. à soupe de sauce sriracha 1 cuil. à soupe de sauce soja • 2 cuil. à café de flocons de piment • Sel • Poivre

USTENSILES :
Cure-dents

Mise en place - Au moins 1h40 avant le repas

Étalez les escalopes de veau sur le plan de travail. Au besoin, aplatissez-les en les tapotant entre deux feuilles de papier cuisson avec un rouleau à pâtisserie. Disposez-les dans un plat au bord haut, sans les superposer.

Hachez grossièrement 10 feuilles de sauge. Dans un bol, mélangez l'huile d'olive, la sauce sriracha et la sauce soja. Ajoutez la sauge hachée. Versez cette marinade sur les escalopes, retournez-les plusieurs fois pour bien les enrober. Couvrez de film alimentaire et réservez 1 h au frais.

Passé ce délai, égouttez soigneusement les escalopes de veau. Salez légèrement, poivrez, puis coupez-les en deux. Recouvrez chaque moitié d'escalope avec 1 tranche de pancetta. Détaillez le provolone en 12 fines tranches de la taille des tranches de pancetta. Déposez 1 tranche de fromage sur chaque tranche de pancetta. Parsemez de quelques flocons de piment puis déposez 1 feuille de sauge. Roulez chaque escalope sur elle-même pour former 12 involtini. Maintenez-les fermés à l'aide de cure-dents. Disposez-les dans un plat, couvrez de film alimentaire et réservez au frais jusqu'au repas.

Au moment du repas

Huilez et préchauffez la plancha.

Faites cuire les involtini 4-5 min sur la plancha en les retournant régulièrement.

PRÉPARATION AVANT	REPOS	CUISSON
40 MIN	1 H	5 MIN

CHICKEN WINGS
façon tandoori

INGRÉDIENTS

POUR 6 PERSONNES

24 ailerons de poulet • 500 g de yaourt • ½ botte de coriandre
2 tiges de citronnelle (à défaut, ½ cuil. à café de purée de citronnelle)
1 cuil. à soupe de mélange d'épices tandoori • 1 cuil. à soupe de miel
1 cuil. à café de purée de gingembre • ½ cuil. à café de purée d'ail • Sel • Poivre

Mise en place - Au moins 2 h 15 avant le barbecue

Disposez les ailerons de poulet dans un plat à bord haut, sans les superposer.

Hachez la coriandre et les tiges de citronnelle. Dans un bol, mélangez le yaourt, le mélange d'épices tandoori, le miel, la purée de gingembre et la purée d'ail. Ajoutez les trois quarts de la coriandre et la citronnelle. Salez, poivrez. Versez cette marinade sur les ailerons de poulet, retournez-les plusieurs fois pour bien les enrober. Couvrez de film alimentaire et réservez au moins 2 h au frais.

Au moment du barbecue

Grillez les ailerons de poulet 8 min environ (chaleur directe), en les tournant et en les badigeonnant régulièrement de leur marinade. Finissez la cuisson 15 min environ en chaleur indirecte.

PRÉPARATION AVANT : 15 MIN
REPOS : 2 H
CUISSON : 25 MIN

KEBAB D'AGNEAU,
sauce blanche au sésame et piment

INGRÉDIENTS

POUR 4-6 PERSONNES

1 kg de gigot d'agneau • 200 g de yaourt • 10 cl d'huile d'olive • 1 orange bio
¼ botte de menthe • 2 cuil. à soupe de graines de fenouil • 1 cuil. à café de purée d'ail
1 cuil. à café de cannelle moulue • ½ cuil. à café de cumin moulu • ½ cuil. à café de poivre noir moulu
½ cuil. à café de sel fin • Une pincée de noix de muscade moulue

POUR LA SAUCE BLANCHE :

200 g de fromage blanc • 3 cuil. à soupe de purée de sésame (tahin)
2 cuil. à soupe de flocons de piment • 1 cuil. à café de purée de piment • Sel

USTENSILES :

Piques à brochettes

Mise en place - Au moins 4 h 30 avant le repas

Détaillez le gigot d'agneau en cubes réguliers. Disposez-les dans un plat à bord haut, sans les superposer.

Prélevez le zeste de l'orange, hachez-le finement. Pressez l'orange. Hachez les feuilles de menthe. Concassez les graines de fenouil ou mixez-les rapidement au robot. Dans un bol, mélangez le yaourt, l'huile d'olive, 2 cuillerées à soupe du jus d'orange et la purée d'ail. Ajoutez la cannelle, le cumin, le poivre noir, le sel et une pincée de noix de muscade. Ajoutez la menthe, les graines de fenouil et 1 cuillerée à café du zeste d'orange. Versez cette marinade sur les morceaux d'agneau, retournez-les plusieurs fois pour bien les enrober. Couvrez de film alimentaire et réservez au moins 4 h au frais.

Préparez la sauce blanche au sésame et paprika : dans un bol, mélangez le fromage blanc, la purée de sésame et la purée de piment. Salez. Couvrez de film alimentaire et réservez au frais.

Au moment du repas

Préchauffez la plancha. Embrochez les cubes de viande sur des piques. Faites cuire les brochettes 10-12 min sur la plancha, en les tournant et en les badigeonnant régulièrement de leur marinade.

Incorporez les flocons de piment dans la sauce blanche. Servez les brochettes avec la sauce blanche, accompagnez-les par exemple d'une salade d'oranges à la menthe et aux oignons rouges.

PRÉPARATION AVANT 30 MIN

REPOS 4 H

PRÉPARATION PENDANT 10 MIN

CUISSON 12 MIN

LAMB CHOPS
à la gremolata

INGRÉDIENTS

POUR 4 PERSONNES

8 côtelettes d'agneau

POUR LA GREMOLATA :
10 cl d'huile d'olive • 1 orange bio • 2 filets d'anchois
1 botte de persil plat • 2 branches de menthe • 2 gousses d'ail • Sel • Poivre

Mise en place - Au moins 3 h 20 avant le barbecue

Disposez les côtelettes d'agneau dans un plat à bord haut, sans les superposer.

Préparez la gremolata : effeuillez le persil et la menthe, puis hachez-les finement. Hachez finement les filets d'anchois. Pelez et dégermez les gousses d'ail. À l'aide d'une râpe Microplane, râpez l'ail et le zeste de l'orange. Mélangez tous les ingrédients dans un bol, salez légèrement. Prélevez-en la moitié et placez-la dans un second bol. Couvrez-le de film alimentaire et réservez-le au frais jusqu'au barbecue. Versez l'huile d'olive dans l'autre bol, mélangez bien et versez cette marinade sur les côtelettes d'agneau. Retournez-les plusieurs fois pour bien les enrober. Couvrez de film alimentaire et réservez au moins 3 h au frais.

Au moment du barbecue

Grillez les côtelettes 4-5 min environ sur chaque face (chaleur directe), en les badigeonnant régulièrement de leur marinade. Assaisonnez d'un tour de moulin à poivre et servez avec la gremolata réservée.

PRÉPARATION AVANT
20 MIN

REPOS
3 H

CUISSON
10 MIN

MINI-HAMBURGERS
et radis pickles

INGRÉDIENTS

POUR 6 PERSONNES

POUR LES HAMBURGERS :

300 g de viande de bœuf hachée • 200 g de viande de porc hachée
100 g de chorizo espagnol • 1 oignon • 1 œuf • 1 cuil. à soupe de paprika fumé moulu
1 cuil. à café de purée de piment • Sel

POUR LES RADIS PICKLES :

1 botte de radis • 1 petit piment rouge • 30 cl de vinaigre de riz • 80 g de sucre

Mise en place - Au moins 2 jours avant le barbecue

Lavez la botte de radis, éliminez les fanes et les racines. Taillez les radis en tranches et répartissez-les dans 2 ou 3 bocaux (selon leur contenance). Émincez finement le petit piment rouge, puis répartissez-le dans les bocaux. Dans une grande casserole, mélangez le vinaigre de riz avec 10 cl d'eau et le sucre. Portez à ébullition et versez aussitôt dans les bocaux. Fermez-les hermétiquement, laissez refroidir, puis réservez au moins 2 jours au frais.

Mise en place - 30 min avant le barbecue

Retirez la peau du chorizo, puis hachez-le finement. Pelez l'oignon et hachez-le finement. Dans un saladier, mélangez les viandes hachées, le chorizo et l'oignon. Ajoutez l'œuf, le paprika fumé et la purée de piment. Salez et mélangez bien. Façonnez des boulettes et aplatissez-les légèrement pour obtenir des petits hamburgers. Déposez-les sur une plaque tapissée de papier cuisson. Couvrez de film alimentaire et réservez au frais jusqu'au barbecue.

Au moment du barbecue

Grillez les mini-hamburgers 5 min de chaque côté (chaleur directe). Servez-les avec les radis pickles et une sauce barbecue.

PRÉPARATION AVANT
50 MIN

REPOS
2 JOURS

CUISSON
10 MIN

PORK BELLY SANDWICH,

pesto épicé de tomates confites

INGRÉDIENTS

POUR 6 PERSONNES

2 baguettes • 800 g de tranches de poitrine de porc • 150 g d'emmental • ½ botte de basilic
8 cuil. à soupe de sauce yakitori • 4 cuil. à soupe de vinaigre de riz • 4 cuil. à soupe d'huile d'olive
1 cuil. à soupe d'huile de sésame • 1 cuil. à soupe de sriracha • 1 poignée de jeunes pousses
1 poignée de cacahuètes

POUR LE PESTO :
200 g de tomates séchées à l'huile • 80 g de parmesan • 50 g de pignons de pin
10 cl d'huile d'olive • 2 cuil. à soupe de sriracha • ½ botte de basilic • 1 échalote • 1 gousse d'ail • Sel

Mise en place - Au moins 2 h 15 avant le barbecue

Demandez à votre boucher de préparer 800 g de tranches de poitrine de porc. Dégraissez-les légèrement. Disposez-les dans un plat à bord haut, sans les superposer.

Effeuillez la demi-botte de basilic. Dans un bol, mélangez la sauce yakitori, le vinaigre de riz, l'huile d'olive, l'huile de sésame et la sauce sriracha. Ajoutez les feuilles de basilic. Versez cette marinade sur les tranches de poitrine, retournez-les plusieurs fois pour bien les enrober. Couvrez de film alimentaire et réservez au moins 2 h au frais.

Préparez le pesto aux tomates confites : pelez et dégermez la gousse d'ail. Pelez l'échalote, hachez-la grossièrement. Effeuillez la demi-botte de basilic. Dans le bol d'un robot, mixez les tomates séchées, les pignons de pin, le parmesan, la gousse d'ail, l'échalote, le basilic et la sauce sriracha. Ajoutez de l'huile d'olive (comptez 10 cl environ) en filet jusqu'à l'obtention d'un pesto à la consistance souhaitée. Rectifiez l'assaisonnement et versez dans un bol. Couvrez de film alimentaire et réservez au frais jusqu'au barbecue.

Au moment du barbecue

Grillez les tranches de poitrine de porc 10 min environ (chaleur directe), en les tournant et en les badigeonnant régulièrement de leur marinade.

Coupez les baguettes en trois, puis fendez-les dans la longueur pour obtenir 6 pains à sandwich. Grillez-les rapidement côté mie, puis garnissez-les d'une couche généreuse de pesto. Déposez quelques jeunes pousses et quelques cacahuètes concassées. Répartissez les tranches de poitrine de porc effilochées et parsemez de copeaux d'emmental. Arrosez d'un filet d'huile des tomates confites et refermez les sandwichs.

PRÉPARATION AVANT	REPOS	PRÉPARATION PENDANT	CUISSON
30 MIN	2 H	15 MIN	15 MIN

PORK CHOPS AUX ÉPICES CAJUN,

maïs grillé au beurre de sauge

INGRÉDIENTS

POUR 4 PERSONNES

4 côtelettes de porc • 4 épis de maïs • 6 cuil. à soupe d'huile d'olive
1 cuil. à soupe de sauce sriracha • 1 cuil. à soupe de miel de sauge (à défaut, du miel de romarin)
2 cuil. à soupe d'épices cajun (à défaut, un mélange de sel, de paprika, de cumin et de piment moulus, de thym, d'origan, d'oignon et d'ail séchés) • 5 feuilles de sauge

POUR LE BEURRE DE SAUGE :
150 g de beurre mou • 5 feuilles de sauge • Fleur de sel • Poivre du moulin

Mise en place - Au moins 3 h 10 avant le barbecue

Disposez les côtelettes de porc dans un plat à bord haut, sans les superposer.

Dans un bol, mélangez l'huile d'olive, la sauce sriracha et le miel de sauge. Ajoutez les épices cajun et les feuilles de sauge. Versez cette marinade sur les côtelettes, retournez-les plusieurs fois pour bien les enrober. Couvrez de film alimentaire et réservez au moins 3 h au frais.

Préparez le beurre de sauge : hachez très finement les feuilles de sauge. Dans un bol, mélangez le beurre mou avec la sauge hachée. Assaisonnez de fleur de sel et de quelques tours de moulin à poivre. Déposez ce beurre parfumé sur du film alimentaire et faites-le rouler pour obtenir un boudin. Enveloppez-le de film alimentaire et réservez au moins 1 h au frais.

Plongez les épis de maïs dans une casserole d'eau bouillante non salée. Dès reprise de l'ébullition, faites-les précuire 8 min environ. Égouttez-les et laissez-les refroidir. Disposez-les sur une assiette, couvrez de film alimentaire et réservez au frais jusqu'au barbecue.

Au moment du barbecue

Taillez les épis de maïs en tranches épaisses. Grillez-les 4-5 min environ (chaleur directe), en les tournant régulièrement. Grillez les côtelettes 5-6 min de chaque côté (chaleur directe), en les badigeonnant régulièrement de leur marinade. Servez-les avec les tranches de maïs grillées et quelques lamelles de beurre à la sauge.

PRÉPARATION AVANT	REPOS	PRÉPARATION PENDANT	CUISSON
30 MIN	3 H	5 MIN	15 MIN

POULET
coriandre et citronnelle

INGRÉDIENTS

POUR 6 PERSONNES

2 gros poulets fermiers • 1 botte de coriandre • 15 cl de lait de coco
4 cuil. à soupe de sauce soja • 3 cuil. à soupe de cassonade
2 cuil. à soupe d'huile d'arachide • 2 cuil. à soupe de jus de citron vert
1 cuil. à café de purée de citronnelle • 1 cuil. à café de purée de piment
1 cuil. à café de purée d'ail • 2 échalotes

Mise en place - Au moins 4 h 30 avant le barbecue

Détaillez les poulets en morceaux (cuisses, pilons et filets). Disposez-les dans un plat à bord haut, sans les superposer. Gardez les ailerons pour réaliser des chicken wings.

Hachez grossièrement la botte de coriandre. Pelez et hachez finement les échalotes. Dans un bol, mélangez le lait de coco, la sauce soja, la cassonade, l'huile d'arachide, le jus de citron vert, la purée de citronnelle, la purée de piment et la purée d'ail. Ajoutez la coriandre et rectifiez l'assaisonnement. Versez cette marinade sur les morceaux de poulet, retournez-les plusieurs fois pour bien les enrober. Couvrez de film alimentaire et réservez au moins 4 h au frais.

Au moment du barbecue

Grillez les morceaux de poulet 10 min (chaleur directe), en les tournant et en les badigeonnant régulièrement de leur marinade. Finissez la cuisson 15 min environ en chaleur indirecte.

PRÉPARATION AVANT
30 MIN

REPOS
4 H

CUISSON
25 MIN

POULET
à l'ananas

INGRÉDIENTS

POUR 4 PERSONNES

1 gros poulet fermier • 1 petit ananas • 20 cl de crème de coco • 4 cuil. à soupe de miel
2 cuil. à soupe de sauce soja • 2 cuil. à café de purée de gingembre • 1 cuil. à café de purée d'ail
1 cuil. à café de purée de piment • ½ cuil. à café de garam masala • ½ cuil. à café de cannelle moulue
2 citrons verts bio • Une pincée de piment moulu • Sel

Mise en place - Au moins 2 h 30 avant le barbecue

Détaillez le poulet en morceaux (cuisses, pilons et filets). Disposez-les dans un plat à bord haut, sans les superposer. Gardez les ailerons pour réaliser des chicken wings.

Râpez le zeste de 1 citron vert. Dans un bol, mélangez la crème de coco, la purée de gingembre, la purée d'ail, la purée de piment, le garam masala, la cannelle, le zeste râpé et une pincée de sel. Versez cette marinade sur les morceaux de poulet, retournez-les plusieurs fois pour bien les enrober. Couvrez de film alimentaire et réservez au moins 2 h au frais.

Pressez le citron vert zesté.

Pelez l'ananas, puis coupez-le en tranches. Disposez-les dans un petit plat à bord haut, sans les superposer. Dans un bol, mélangez 2 cuillerées à soupe du jus de citron vert, le miel, la sauce soja et une pincée de piment. Versez cette marinade sur les tranches d'ananas, retournez-les plusieurs fois pour bien les enrober. Couvrez de film alimentaire et réservez au moins 1 h au frais.

Au moment du barbecue

Coupez le second citron en 8 quartiers. Grillez les morceaux de poulet 10 min (chaleur directe), en les tournant et en les badigeonnant régulièrement de leur marinade. Finissez la cuisson 15 min environ en chaleur indirecte.

Dans ce même temps, caramélisez les tranches d'ananas 2-3 min de chaque côté (chaleur directe), en les badigeonnant régulièrement de leur marinade. Servez-les avec le poulet grillé et les quartiers de citron vert.

PRÉPARATION AVANT
30 MIN

REPOS
2 H

CUISSON
25 MIN

BROCHETTES DE CREVETTES
à la citronnelle (« Chạo Tôm »)

INGRÉDIENTS

POUR 4-6 PERSONNES

800 g de crevettes crues (fraîches ou surgelées) • 4 cuil. à soupe d'huile d'arachide • 1 blanc d'œuf 1 cuil. à soupe de sauce nuoc-mâm • 1 cuil. à soupe de Maïzena • 1 cuil. à soupe de cassonade • 1 cuil. à café de purée de citronnelle • ¼ de cuil. à café de purée de piment • 4 échalotes • 2 gousses d'ail • Sel • Poivre

USTENSILES :

Bâtonnets de canne à sucre (à défaut, des bâtonnets de citronnelle)

Mise en place - Au moins 2 h avant le repas

Décortiquez les crevettes et retirez le filament noir avec la pointe d'un couteau. Vous pouvez également demander à votre poissonnier de les préparer pour vous ou choisir des crevettes crues surgelées.

Pelez et dégermez les gousses d'ail. Pelez et hachez grossièrement les échalotes.

Placez les crevettes, l'ail et les échalotes dans le bol d'un robot, puis mixez par à-coups jusqu'à l'obtention d'une pâte. Ajoutez le blanc d'œuf, la sauce nuoc-mâm, la Maïzena, 1 cuillerée à soupe d'huile d'arachide, la cassonade et la purée de citronnelle. Salez, poivrez et mélangez jusqu'à l'obtention d'une préparation homogène. Placez-la dans un saladier, couvrez de film alimentaire et réservez 30 min au frais.

Passé ce délai, faites chauffer l'eau dans un cuit-vapeur. Humidifiez légèrement vos mains et prélevez 1 cuillerée à soupe de pâte de crevette. Formez une boule puis aplatissez-la au creux de votre paume pour obtenir un disque épais. Déposez un bâtonnet de canne à sucre (ou de citronnelle) au centre, puis refermez le disque de pâte par-dessus. Enroulez bien la pâte autour du bâtonnet pour former une belle brochette, puis disposez-la sur une feuille de papier cuisson. Renouvelez l'opération jusqu'à épuisement de la pâte de crevette. Placez les brochettes dans le panier du cuit-vapeur et faites-les cuire 8 à 10 min. Réservez-les au frais jusqu'au repas.

Au moment du repas

Préchauffez la plancha. Dans un bol, mélangez 3 cuillerées à soupe d'huile d'arachide avec la purée de piment. Badigeonnez les brochettes de ce mélange. Faites-les cuire 8-10 min sur la plancha, en les tournant et en les badigeonnant régulièrement d'huile pimentée. Servez avec une salade de jeunes pousses et de papaye au basilic, parsemez d'éclats de cacahuètes.

PRÉPARATION AVANT	REPOS	PRÉPARATION PENDANT	CUISSON
1 H	30 MIN	5 MIN	10 MIN

BIFTECKS
sauce chimichurri

INGRÉDIENTS

POUR 6 PERSONNES

6 biftecks de côte (avec l'os) • 10 cl de sauce teriyaki à l'ail confite
2 cuil. à soupe de sauce Worcestershire • 1 échalote

POUR LA SAUCE CHIMICHURRI :
20 cl d'huile d'olive • 2 cuil. à soupe de vinaigre de cidre
1 cuil. à café de purée d'ail • 1 botte de persil plat • ½ botte de coriandre
½ botte de basilic • 1 petit piment rouge • 2 échalotes • Sel • Poivre

Mise en place - Au moins 3 h 10 avant le barbecue

Demandez à votre boucher de préparer 6 biftecks de côte (avec l'os). Disposez-les dans un plat à bord haut, sans les superposer.

Pelez et hachez finement l'échalote. Dans un bol, mélangez la sauce teriyaki à l'ail confite, la sauce Worcestershire et l'échalote. Versez cette marinade sur les biftecks, retournez-les plusieurs fois pour bien les enrober. Couvrez de film alimentaire et réservez au moins 3 h au frais.

Préparez la sauce chimichurri : fendez le piment rouge et éliminez ses pépins. Hachez-le très finement. Pelez les échalotes et hachez-les finement.

Effeuillez le persil plat, la coriandre et le basilic. Hachez-les finement. Dans un bol, mélangez l'huile d'olive, le vinaigre de cidre et la purée d'ail. Ajoutez les herbes, le piment et les échalotes, salez et poivrez. Couvrez de film alimentaire et réservez au frais jusqu'au barbecue.

Au moment du barbecue

Grillez les biftecks 4-5 min environ de chaque côté (chaleur directe), en les badigeonnant régulièrement de leur marinade. Servez-les avec la sauce chimichurri et une salade fraîche de crudités.

PRÉPARATION AVANT : 20 MIN
REPOS : 3 H
CUISSON : 10 MIN

SATAY DE POULET

sauce cacahuètes

INGRÉDIENTS

POUR 6 PERSONNES

15 cuisses de poulet • 100 g de cacahuètes • 20 cl de lait de coco
5 cuil. à soupe d'huile d'arachide • 3 cuil. à soupe de sucre de canne
1 cuil. à café de purée de piment • 1 cuil. à café de purée d'ail • Sel

POUR LA SAUCE CACAHUÈTES :

150 g de beurre de cacahuètes • 20 cl de lait de coco
4 cuil. à soupe d'huile d'arachide • 3 échalotes • 2 cuil. à soupe de sauce soja
1 cuil. à soupe de sucre de canne • 1 cuil. à café de purée de piment
1 cuil. à café de purée d'ail • 1 cuil. à café de cumin moulu

USTENSILES :

Piques à brochettes

Mise en place - Au moins 1 h 30 avant le barbecue

Désossez les cuisses de poulet, puis détaillez-les en cubes réguliers. Embrochez-les sur des piques pour obtenir 12 brochettes. Disposez-les dans un plat à bord haut, sans les superposer.

Dans le bol d'un robot, mixez les cacahuètes pour obtenir une poudre fine. Dans un bol, mélangez le lait de coco, l'huile d'arachide, le sucre de canne, la purée de piment et la purée d'ail. Salez et ajoutez la poudre de cacahuètes. Versez cette marinade sur les brochettes, retournez-les plusieurs fois pour bien les enrober. Couvrez de film alimentaire et réservez au moins 1 h au frais.

Préparez la sauce cacahuètes : pelez et hachez finement les échalotes. Dans une petite casserole, faites chauffer l'huile d'arachide. Ajoutez les échalotes hachées, puis la purée de piment, la purée d'ail et le cumin. Faites chauffer 2-3 min en remuant. Ajoutez le lait de coco, la sauce soja et le sucre de canne, puis laissez réduire 2-3 min. Hors du feu, ajoutez le beurre de cacahuètes. Mélangez bien, rectifiez l'assaisonnement.

Au moment du barbecue

Grillez les brochettes 10 min environ (chaleur directe), en les tournant et en les badigeonnant régulièrement de leur marinade. Servez-les avec la sauce cacahuètes.

PRÉPARATION AVANT : 45 MIN
REPOS : 1 H
CUISSON : 10 MIN

SAUCISSES DE FRANCFORT
au fromage poivré et au speck
(« Berner-Würstel »)

INGRÉDIENTS

POUR 6 PERSONNES

12 saucisses de Francfort • 24 très fines tranches de bacon
200 g d'emmental • Poivre du moulin

Mise en place - Au moins 20 min avant le repas

Détaillez l'emmental en fines lamelles, puis assaisonnez-les de poivre du moulin.

Fendez les saucisses de Francfort dans la longueur, suffisamment profondément pour les entrouvrir. Glissez quelques lamelles de fromage au poivre sur toute leur longueur. Refermez les saucisses et enveloppez chacune d'elles dans 2 très fines tranches de bacon. Disposez-les dans un plat, couvrez de film alimentaire et réservez au frais jusqu'au repas.

Au moment du repas

Huilez et préchauffez la plancha.

Faites cuire les saucisses 6-8 min sur la plancha en les tournant régulièrement.

Servez-les avec une moutarde douce ou de Dijon. Vous pouvez également les proposer en hot-dog, avec une mayonnaise légèrement aillée et pimentée.

PRÉPARATION AVANT
20 MIN

CUISSON
8 MIN

VARIANTE

Remplacez l'emmental au poivre par un gouda au cumin et la moutarde par de la Savora®.

SAUMON GRILLÉ À LA JAPONAISE,
tapenade de nori

INGRÉDIENTS

POUR 6 PERSONNES

6 darnes de saumon • 10 cl de sauce teriyaki au miel
2 cuil. à soupe d'huile de sésame • 2 cuil. à soupe de miso
2 cuil. à soupe de vinaigre de riz • 3 cuil. à soupe de nori en paillettes

POUR LA TAPENADE DE NORI :

200 g d'olives noires dénoyautées • 2 filets d'anchois • 15 cl d'huile d'olive
1 cuil. à soupe d'huile de sésame • 4 cuil. à soupe de nori en paillettes
1 cuil. à soupe de câpres • 2 gousses d'ail

Mise en place - Au moins 1 h 10 avant le barbecue

Disposez les darnes de saumon dans un plat à bord haut, sans les superposer.

Dans un bol, mélangez la sauce teriyaki au miel, l'huile de sésame, le vinaigre de riz et le miso. Ajoutez les paillettes de nori et mélangez bien. Versez cette marinade sur les darnes de saumon, retournez-les plusieurs fois pour bien les enrober. Couvrez de film alimentaire et réservez au moins 1 h au frais.

Préparez la tapenade de nori : hachez grossièrement les olives. Pelez, dégermez et hachez grossièrement les gousses d'ail. Hachez grossièrement les filets d'anchois et les câpres. Placez le tout dans le bol d'un robot et mixez par à-coups jusqu'à l'obtention d'une préparation homogène avec quelques morceaux. Incorporez l'huile d'olive en filet. Pour finir, incorporez l'huile de sésame et les paillettes de nori. Versez cette tapenade dans un bol, couvrez de film alimentaire et réservez au frais jusqu'au barbecue.

Au moment du barbecue

Grillez les darnes de saumon 8 min environ (chaleur directe), en les tournant et en les badigeonnant régulièrement de leur marinade. Servez-les avec la tapenade de nori.

PRÉPARATION AVANT	REPOS	CUISSON
25 MIN	1 H	8 MIN

SOUVLAKIS *d'espadon*

INGRÉDIENTS

POUR 4-6 PERSONNES

1 kg d'espadon • 10 cl d'huile d'olive • 2 citrons bio
2 cuil. à café de purée d'ail • ½ botte d'aneth
4 brins d'origan frais (à défaut, 2 cuil. à café d'origan séché)
Une pincée de piment moulu • Sel

USTENSILES :
Piques à brochettes

Mise en place - Au moins 2 h 15 avant le repas

Détaillez l'espadon en cubes réguliers. Disposez-les dans un plat à bord haut, sans les superposer.

Hachez l'aneth et l'origan. Râpez le zeste des citrons, puis pressez-les. Dans un bol, mélangez l'huile d'olive, le jus et le zeste des citrons, la purée d'ail, les herbes et une pincée de piment. Versez cette marinade sur les cubes d'espadon, retournez-les plusieurs fois pour bien les enrober. Couvrez de film alimentaire et réservez au moins 2 h au frais.

Au moment du repas

Préchauffez la plancha.

Alignez les cubes d'espadon sur des piques à brochettes. Faites cuire les brochettes d'espadon 5 min environ sur la plancha, en les tournant et en les badigeonnant régulièrement de la marinade.

Servez avec une salade grecque.

PRÉPARATION AVANT	REPOS	PRÉPARATION PENDANT	CUISSON
15 MIN	2 H	10 MIN	5 MIN

SPARE RIBS
au whisky

INGRÉDIENTS

POUR 6 PERSONNES

2 kg de travers de porc coupés en 4 morceaux (côtes levées de porc, ou « spare ribs »)
30 cl de ketchup • 10 cl de sauce teriyaki • 10 cl de whisky • 150 g de miel
2 cuil. à soupe de sauce soja • 2 cuil. à soupe de vinaigre de riz
1 cuil. à soupe de cassonade • 2 cuil. à café de purée d'ail • 1 cuil. à café de purée de piment
2 feuilles de laurier • 1 gousse d'ail • 1 cuil. à café de grains de poivre
1 cuil. à café de baies de genièvre

Mise en place - La veille du barbecue

Demandez à votre boucher de vous préparer 2 kg de travers de porc coupés en 4 morceaux (côtes levées de porc, ou « spare ribs »). Pelez la gousse d'ail, dégermez-la et coupez-la en deux. Remplissez une grande marmite d'eau, ajoutez la gousse d'ail, les grains de poivre, les baies de genièvre et les feuilles de laurier. Portez à ébullition, puis ajoutez les morceaux de viande. Faites cuire à frémissements pendant 1 h 30 environ : la viande doit commencer à se détacher de l'os. Une fois cuits, égouttez les morceaux de viande et laissez-les refroidir sur une plaque.

Dans un bol, mélangez le ketchup, la sauce teriyaki, le whisky, le miel, la sauce soja, le vinaigre de riz, la cassonade, la purée d'ail et la purée de piment.

Placez les morceaux de viande refroidis dans un plat à bord haut, sans les superposer.

Versez la marinade sur la viande, retournez-la plusieurs fois pour bien l'enrober. Couvrez de film alimentaire et réservez toute la nuit au frais.

Au moment du barbecue

Grillez les côtes 20 min environ (chaleur directe), en les tournant et en les badigeonnant régulièrement de leur marinade.

PRÉPARATION AVANT : 2 H
REPOS : UNE NUIT
CUISSON : 1 H 50

GÉTARIEN BARBECUE VÉGÉTARIEN BARBECUE VÉGÉTARIEN BARBECUE VÉGÉTARIEN BARBECUE VÉGÉTARIEN BARBECUE VÉGÉTARIEN
ECUE VÉGÉTARIEN BARBECUE VÉGÉTARIEN BARBECUE VÉGÉTARIEN BARBECUE VÉGÉTARIEN BARBECUE VÉGÉTARIEN BARBECUE VÉGÉTARI
UE VÉGÉTARIEN BARBECUE VÉGÉTARIEN BARBECUE VÉGÉTARIEN BARBECUE VÉGÉTARIEN BARBECUE VÉGÉTARIEN BARBECUE VÉGÉTARIEN

BARBECUE VÉGÉTARIEN BARBECUE VÉGÉTARIEN BARBECUE VÉGÉTARIEN BARBECUE VÉGÉTARIEN BARBECUE VÉGÉTARIEN BARBECUE VÉ
BARBECUE VÉGÉTARIEN BARBECUE VÉGÉTARIEN BARBECUE VÉGÉTARIEN BARBECUE VÉGÉTARIEN BARBECUE VÉGÉTARIEN BARB
BARBECUE VÉGÉTARIEN BARBECUE VÉGÉTARIEN BARBECUE VÉGÉTARIEN BARBECUE VÉGÉTARIEN BARBECUE VÉGÉTARIEN BARBECU

BARBECUE VÉGÉTARIEN

SAUCE & DIPS

DIP D'AIL

200 g de crème fraîche • 10 gousses d'ail • 15 cl d'huile d'olive • Sel

Pelez et dégermez les gousses d'ail. Blanchissez-les 3 fois pour éliminer leur piquant : plongez-les dans une casserole d'eau froide, portez à ébullition, égouttez-les, puis renouvelez l'opération 2 fois. Égouttez bien les gousses d'ail blanchies et mixez-les en purée dans le bol d'un robot. Sans cesser de mixer, incorporez l'huile d'olive en filet. Versez dans un bol, puis incorporez la crème fraîche. Salez, couvrez de film alimentaire et réservez au frais jusqu'au barbecue.

Servez par exemple avec du fenouil.

DIP D'AUBERGINE AU SÉSAME

4 aubergines • 15 cl d'huile d'olive + 2 cuil. à soupe • 3 cuil. à soupe de purée de sésame (tahin) • 1 poignée de graines de sésame grillées • ½ cuil. à café de purée d'ail • Sel • Poivre

Préchauffez le four à 200 °C (th. 6-7).

Lavez les aubergines, séchez-les soigneusement et éliminez leur pédoncule. Fendez-les en deux dans la longueur. Disposez les demi-aubergines sur une plaque tapissée de papier cuisson, face peau vers le bas. Quadrillez la chair avec la pointe d'un couteau et badigeonnez-la d'huile d'olive. Enfournez pour 30 à 40 min environ : la chair doit être bien tendre et se détacher facilement.

Prélevez la chair des aubergines à l'aide d'une cuillère. Dans le bol d'un robot, mixez la chair d'aubergine avec 15 cl d'huile d'olive, la purée de sésame et la purée d'ail. Incorporez les graines de sésame grillées, salez et poivrez.

Versez dans un bol, couvrez de film alimentaire et réservez au frais jusqu'au barbecue.

Servez par exemple sur du pain grec, avec du halloumi ou des lamelles de poivron.

SAUCE & DIPS

DIP DE PATATE DOUCE À LA VANILLE

5 grosses patates douces · 200 g de feta · 2 gousses de vanille · 3 cuil. à soupe d'huile d'olive · Sel · Poivre

Préchauffez le four à 200 °C (th. 6-7). Lavez les patates douces, séchez-les soigneusement. Disposez-les sur une plaque tapissée de papier cuisson et enfournez pour 30 à 40 min environ : vérifiez la cuisson avec la pointe d'un couteau, elle doit s'enfoncer « comme dans du beurre ».

Incisez les gousses de vanille sur toute leur longueur et prélevez leurs graines. Gardez les gousses pour aromatiser du sucre.

Pelez les patates douces et placez leur chair dans le bol d'un robot. Ajoutez la feta émiettée et mixez par à-coups jusqu'à l'obtention d'une purée homogène. Incorporez l'huile d'olive et les graines de vanille, salez et poivrez. Versez dans un bol, couvrez de film alimentaire et réservez au frais jusqu'au barbecue. Servez par exemple avec des carottes.

DIP DE HOUMOUS (POUR HAMBURGERS, FALAFELS...)

250 g de pois chiches (en conserve) · 150 g de mascarpone · 3 cuil. à soupe de purée de sésame (tahin) · 2 cuil. à soupe d'huile d'olive · 2 cuil. à soupe de jus de citron · 1 cuil. à café de purée d'ail · 1 cuil. à café de cumin moulu · 1 cuil. à café de paprika moulu · Sel · Poivre

Rincez les pois chiches pour éliminer leur peau. Égouttez-les et mixez-les par à-coups dans le bol d'un robot avec la purée de sésame et le jus de citron, jusqu'à l'obtention d'une purée homogène. Incorporez le mascarpone, l'huile d'olive et la purée d'ail. Ajoutez le cumin, le paprika, salez, poivrez et versez dans un bol.

Couvrez de film alimentaire et réservez au frais jusqu'au barbecue.

Servez par exemple dans des hamburgers végétariens ou sur du pain libanais.

SALSA BRAVA

200 g de pimientos del piquillo (en bocal) • 1 oignon • 20 cl de coulis de tomates • 2 cuil. à soupe d'huile d'olive • 2 cuil. à soupe de vinaigre de Xérès • 2 cuil. à soupe de sucre • 1 cuil. à café de paprika moulu • ½ cuil. à café de purée d'ail • Une pincée de piment de Cayenne • Sel

Pelez et hachez finement l'oignon. Égouttez les pimientos, puis hachez-les finement. Faites chauffer l'huile d'olive dans une poêle, puis faites revenir 2-3 min l'oignon en remuant. Ajoutez les pimientos, le paprika, la purée d'ail et faites revenir 2-3 min supplémentaires sans cesser de remuer. Déglacez avec le vinaigre de Xérès, puis ajoutez le coulis de tomates, le sucre, une pincée de piment de Cayenne et de sel. Portez à ébullition, puis laissez mijoter 10 min environ en remuant. Hors du feu, mixez avec un pied plongeant jusqu'à l'obtention d'une sauce lisse et onctueuse. Au besoin, replacez-la quelques minutes supplémentaires sur feu doux pour l'épaissir. Rectifiez l'assaisonnement et versez dans un bol, puis laissez refroidir.

Couvrez de film alimentaire et réservez au frais jusqu'au barbecue.

Servez par exemple avec des pommes de terre ou des patates douces.

SAUCE GUACAMOLE

4 avocats bien mûrs • 4 tomates séchées à l'huile • 2 petits oignons • 1 citron vert • ½ cuil. à café de purée de piment • Sel • Poivre

Pressez le citron vert. Hachez finement les tomates séchées à l'huile. Pelez les oignons et hachez-les finement. Coupez les avocats en deux, retirez les noyaux. Détachez la chair, puis hachez-la en tout petits morceaux. Dans un bol, mélangez la chair de l'avocat hachée avec les oignons, les tomates séchées, le jus du citron vert et la purée de piment. Salez et poivrez légèrement. Couvrez de film alimentaire et réservez au frais jusqu'au barbecue.

Servez par exemple avec des épis de maïs.

SAUCE & DIPS

SAUCE KETCHUP

50 cl de coulis de tomates • 10 cl de vinaigre de Xérès • 100 g de sucre • 2 cuil. à soupe de miel • 1 oignon • 2 cuil. à soupe d'huile • ½ cuil. à café de purée d'ail • ½ cuil. à café de purée de piment • ¼ de cuil. à café de purée de citronnelle • 1 cuil. à café de mélange 5-épices • Sel

Pelez l'oignon et hachez-le finement. Faites chauffer l'huile dans une casserole, puis faites revenir l'oignon 2-3 min en remuant. Ajoutez la purée d'ail, la purée de piment, la purée de citronnelle et le mélange 5-épices. Faites revenir 2 min supplémentaires en remuant. Déglacez avec le vinaigre de Xérès, puis ajoutez le coulis de tomates, le sucre et le miel. Salez et laissez compoter 10 min environ en remuant. Dès l'obtention d'une sauce sirupeuse, retirez-la du feu et rectifiez l'assaisonnement. Versez dans un bol et laissez refroidir. Couvrez de film alimentaire et réservez au frais jusqu'au barbecue.

Servez par exemple avec des tranches de patates douces.

SAUCE MAYONNAISE

40 cl d'huile de pépins de raisin • 2 jaunes d'œufs • 1 cuil. à soupe de moutarde • 1 cuil. à soupe de vinaigre • Sel • Poivre

Dans un saladier, fouettez les jaunes d'œufs avec la moutarde et le vinaigre. Salez et poivrez.

Ajoutez 5 cl d'huile et commencez à fouetter pour démarrer l'émulsion. Versez ensuite le reste de l'huile en filet, sans cesser de fouetter jusqu'à obtenir une mayonnaise onctueuse. Rectifiez l'assaisonnement. Couvrez de film alimentaire et réservez au frais jusqu'au barbecue.

Servez par exemple avec des carottes ou des artichauts.

Variantes :
Réveillez cette mayonnaise en y incorporant un peu de purée de gingembre ou de wasabi.

SAUCE VINAIGRETTE JAPONAISE POUR TOFU

6 cuil. à soupe d'huile de sésame • 3 cuil. à soupe d'huile d'arachide • 2 cuil. à soupe de vinaigre de riz • 1 cuil. à soupe de jus de yuzu (à défaut, du citron jaune ou vert) • 1 cuil. à café de miso • ¼ de cuil. à café de purée d'ail • ¼ de cuil. à café de purée de gingembre

Dans un bol, mélangez le vinaigre de riz, le jus de yuzu et le miso. Incorporez l'huile de sésame et l'huile d'arachide. Ajoutez la purée d'ail et la purée de gingembre. Rectifiez l'assaisonnement.

Couvrez de film alimentaire et réservez au frais jusqu'au barbecue.

Servez par exemple avec du tofu.

SAUCE & DIPS

TAPENADE

300 g d'olives noires dénoyautées • 4 filets d'anchois • 15 cl d'huile d'olive • 2 cuil. à soupe de câpres • ½ cuil. à café de purée d'ail

Hachez très finement les olives noires. Hachez finement les filets d'anchois et les câpres. Mélangez tous ces ingrédients dans un bol, puis incorporez l'huile d'olive en filet. Ajoutez la purée d'ail, rectifiez l'assaisonnement. Couvrez de film alimentaire et réservez au frais jusqu'au barbecue.

Servez par exemple sur des champignons portobello.

SAUCE TZATZIKI

400 g de yaourt à la grecque • 4 petits concombres libanais (ou 2 grands concombres) • 100 g d'oignons nouveaux • ½ botte de menthe • 3 cuil. à soupe d'huile d'olive • 1 cuil. à soupe de jus de citron • ½ cuil. à café de purée d'ail • Sel • Poivre

Hachez finement les feuilles de menthe et les oignons nouveaux. Pelez les concombres, puis râpez-les. Dans un bol, mélangez le yaourt, le concombre râpé, la menthe, les oignons nouveaux, l'huile d'olive, le jus de citron et la purée d'ail. Salez et poivrez.

Versez dans un bol, couvrez de film alimentaire et réservez au frais jusqu'au barbecue.

Servez par exemple dans des hamburgers végétariens.

BALLOTTINES
de tomate-mozzarella au gomasio

INGRÉDIENTS

POUR 6-8 PERSONNES

24 tomates cerises • 4 aubergines • 4 boules de mozzarella
4 cuil. à soupe d'huile de sésame • 3 cuil. à soupe de sauce soja
2 cuil. à soupe de vinaigre de riz • 2 cuil. à soupe de miso
1 cuil. à soupe de miel • 1 cuil. à soupe de gomasio

Mise en place - Au moins 1 h 40 avant le barbecue

Coupez les extrémités des aubergines. Détaillez-les en 6 tranches fines dans la longueur, puis disposez-les dans un plat à bord haut.

Dans un bol, mélangez l'huile de sésame, la sauce soja, le vinaigre de riz, le miso et le miel. Versez cette marinade sur les tranches d'aubergine, retournez-les plusieurs fois pour bien les enrober. Couvrez de film alimentaire et réservez au moins 1 h au frais.

Passé ce délai, plongez les tomates quelques secondes dans une casserole d'eau bouillante. Égouttez-les, puis pelez-les. Coupez-les en deux et épépinez-les. Détaillez chaque boule de mozzarella en 6 tranches, puis recoupez chaque tranche en deux. Assaisonnez la mozzarella de gomasio.

Retirez les tranches d'aubergine de leur marinade et alignez-les sur une feuille de papier cuisson. Disposez une demi-tranche de mozzarella au centre de chacune, puis déposez deux moitiés de tomate par-dessus. Recouvrez avec une demi-tranche de mozzarella. Repliez chaque demi-tranche d'aubergine sur elle-même pour bien enfermer le fromage et la tomate. Disposez les ballottines au fur et à mesure dans le plat avec la marinade. Couvrez de film alimentaire et réservez au frais jusqu'au barbecue.

Au moment du barbecue

Grillez les ballottines 2-3 min sur chaque face (chaleur directe), en les badigeonnant régulièrement de leur marinade. Assaisonnez d'une pincée de gomasio.

PRÉPARATION AVANT : 40 MIN
REPOS : 1 H
CUISSON : 5 MIN

TOASTS DE FETA
et avocats marinés

INGRÉDIENTS

POUR 4 PERSONNES

300 g de feta • 8 tranches de pain de seigle
4 avocats • 5 cuil. à soupe d'huile d'olive
3 cuil. à soupe de sauce barbecue teriyaki au miel

Mise en place - Au moins 1 h avant le barbecue

Coupez les avocats en deux, retirez les noyaux. À l'aide d'une grande cuillère, détachez délicatement la chair de la peau. Disposez les demi-avocats (sans leur peau) dans un plat à bord haut, sans les superposer.

Dans un bol, mélangez l'huile d'olive et la sauce barbecue teriyaki au miel. Versez cette marinade sur les demi-avocats, retournez-les plusieurs fois pour bien les enrober.

Couvrez de film alimentaire et réservez au moins 1 h au frais.

Au moment du barbecue

Grillez les avocats 5 min côté plat puis 3 min côté arrondi (chaleur directe), en les badigeonnant régulièrement de leur marinade. Toastez les tranches de pain de seigle de chaque côté. Émiettez-y la feta, puis déposez une moitié d'avocat sur chaque toast. Arrosez d'un filet de marinade de l'avocat.

PRÉPARATION AVANT	REPOS	PRÉPARATION PENDANT	CUISSON
15 MIN	1 H	10 MIN	10 MIN

BROCHETTES DE LÉGUMES TERIYAKI,
sauce menthe

INGRÉDIENTS

POUR 4-6 PERSONNES

2 courgettes • 2 poivrons rouges • 2 poivrons jaunes • 1 grosse aubergine
20 cl de sauce teriyaki à l'ail confit • 200 g de yaourt à la grecque • 6 branches de romarin
5 branches de thym • 1 botte de menthe • 1 gousse d'ail • ¼ de piment vert • Sel

USTENSILES :
Piques à brochettes

Mise en place - Au moins 1h30 avant le repas

Effeuillez, puis hachez le romarin et le thym. Dans un bol, mélangez la sauce teriyaki à l'ail confit et les herbes hachées.

Lavez, puis séchez soigneusement tous les légumes. Coupez les extrémités des courgettes et de l'aubergine. À l'aide d'une mandoline, détaillez-les dans la longueur en très fines tranches. Disposez-les dans un plat à bord haut. Versez la sauce et mélangez délicatement pour enrober toutes les tranches de légumes.

Pelez les poivrons à l'aide d'un économe, puis coupez-les en deux. Éliminez les pédoncules, les graines et les parties blanches. Détaillez la chair des poivrons en carrés réguliers. Ajoutez-les dans le plat, mélangez délicatement pour bien les enrober.

Couvrez de film alimentaire et réservez au moins 1 h au frais.

Préparez la sauce : effeuillez la menthe. Pelez et dégermez la gousse d'ail. Mixez l'ail, la menthe et le piment dans le bol d'un robot. Incorporez le yaourt, salez. Versez dans un bol, couvrez de film alimentaire et réservez au frais.

Au moment du repas

Huilez et préchauffez la plancha. Enroulez les fines tranches de légumes marinées sur elles-mêmes pour réaliser des petits rouleaux. Réalisez les brochettes en alternant des rouleaux de courgette, d'aubergine et des carrés de poivron rouge et jaune. Faites-les cuire 5 min environ sur la plancha, en les tournant et en les badigeonnant régulièrement de leur marinade. Servez avec la sauce à la menthe.

Le petit plus

Embrochez les légumes sur des branches de romarin préalablement effeuillées et légèrement grattées pour en exhaler les parfums.

PRÉPARATION AVANT	REPOS	PRÉPARATION PENDANT	CUISSON
30 MIN	1 H	20 MIN	5 MIN

HALLOUMI
à la grecque

INGRÉDIENTS

POUR 4-6 PERSONNES

12 « steaks » de halloumi à griller • 2 poivrons rouges • 2 poivrons jaunes
1 poivron vert • 2 citrons jaunes • 5 brins de thym • 10 cl d'huile d'olive
2 cuil. à soupe de miel • 1 cuil. à café de purée d'ail • Sel • Poivre

Mise en place - Au moins 2 h 20 avant le barbecue

Lavez les poivrons, puis détaillez-les en lamelles. Disposez les « steaks » de halloumi dans un plat à bord haut, sans les superposer. Ajoutez les lamelles de poivron et les brins de thym.

Pressez les citrons. Dans un bol, mélangez l'huile d'olive, le jus des citrons, le miel et la purée d'ail. Salez, poivrez. Versez cette marinade sur le halloumi et les lamelles de poivron, retournez-les plusieurs fois pour bien les enrober. Couvrez de film alimentaire et réservez au moins 2 h au frais.

Au moment du barbecue

Grillez les lamelles de poivrons 10 min environ (chaleur indirecte), en les retournant régulièrement. Grillez « les steaks » de halloumi 8-10 min environ (chaleur directe), en les tournant et en les badigeonnant régulièrement de leur marinade. Arrosez d'un filet de la marinade.

PRÉPARATION AVANT
20 MIN

REPOS
2 H

CUISSON
20 MIN

PATATES DOUCES FARCIES
et crème épicée

INGRÉDIENTS
POUR 4 PERSONNES

8 grosses patates douces • 200 g de tomates cerises • 2 avocats
1 oignon rouge • 1 petit piment rouge • 4 cuil. à soupe d'huile d'olive
40 cl de crème fraîche • 2 cuil. à soupe de flocons de piment
1 cuil. à soupe de miel • 1 cuil. à café de paprika moulu
1 cuil. à café de cumin moulu • Sel

Mise en place - 15 min avant le barbecue

Préparez la crème épicée : dans un bol, mélangez la crème fraîche, les flocons de piment, le miel, le paprika et le cumin. Salez, couvrez de film alimentaire et réservez au frais jusqu'au barbecue.

Lavez les patates douces et séchez-les soigneusement. Déposez chaque patate douce sur une feuille de papier aluminium, arrosez-les d'un filet d'huile d'olive. Rabattez le papier aluminium et fermez bien pour former 8 papillotes.

Au moment du barbecue

Placez les papillotes de patate douce directement sur les cendres du barbecue, et laissez cuire 30 min environ.

Pendant ce temps, coupez les avocats en deux, retirez les noyaux. À l'aide d'une cuillère, détachez délicatement la chair de la peau. Taillez-la en dés. Pelez l'oignon rouge, émincez-le en fines lamelles. Émincez très finement le petit piment. Coupez les tomates cerises en quatre.

Vérifiez la cuisson des patates douces en piquant un couteau dans l'une d'elles : il doit s'enfoncer « comme dans du beurre ». Ouvrez les papillotes et fendez les patates douces dans la longueur. Entrouvrez-les et garnissez-les généreusement de crème épicée. Répartissez par-dessus les tomates cerises, l'oignon, l'avocat et le piment.

PRÉPARATION AVANT — 15 MIN
PRÉPARATION PENDANT — 20 MIN
CUISSON — 30 MIN

VARIANTE

Déclinez la farce des patates douces selon les garnitures composant votre barbecue (lamelles de légumes grillées, fruits secs, guacamole, dés de fromages…).

PIZZAS MÉDITERRANÉENNES

INGRÉDIENTS

POUR 4-6 PERSONNES

POUR LA PÂTE : 500 g de farine • 10 g de levure sèche de boulanger • 2 cuil. à soupe d'huile d'olive
1 cuil. à soupe de sucre • 1 cuil. à café de sel fin
POUR LA GARNITURE : 20 tomates cerises • 250 g de tomme de chèvre • 80 g de câpres
3 cuil. à soupe d'huile d'olive • 1 cuil. à soupe d'herbes de Provence • Fleur de sel • Poivre du moulin
POUR LA TAPENADE VERTE : 200 g d'olives vertes dénoyautées • 20 g de câpres
4 cuil. à soupe d'huile d'olive • 3 cuil. à soupe de poudre de noisettes grillées • 1 gousse d'ail

Mise en place

Préparez la pâte : Dans un bol, diluez la levure sèche dans 20 cl d'eau légèrement tiède.

Dans un saladier, mélangez la farine avec le sucre et le sel fin. Creusez un puits au centre, versez-y la levure et 2 cuillerées à soupe d'huile d'olive. Mélangez progressivement tous les ingrédients à l'aide d'une spatule en bois, puis pétrissez 5 min environ, jusqu'à l'obtention d'une pâte lisse et élastique se détachant des parois du saladier. Au besoin, rajoutez un peu de farine ou d'eau. Couvrez le saladier d'un linge propre et réservez 2 h environ dans un endroit chaud : la pâte devra doubler de volume.

Préparez la tapenade verte : Pelez et dégermez la gousse d'ail. Mixez-la dans le bol d'un robot avec les olives, les câpres et la poudre de noisettes. Versez l'huile d'olive en filet et mixez jusqu'à l'obtention d'une pâte homogène. Versez-la dans un bol, couvrez de film alimentaire et réservez au frais jusqu'au barbecue.

Au moment du barbecue

Coupez les tomates cerises en deux. Égouttez les câpres. Taillez la tomme de chèvre en dés.

Divisez la pâte en 4 morceaux. À l'aide d'un rouleau à pâtisserie, étalez-les finement sur un plan de travail fariné pour obtenir 4 disques de pâte. Badigeonnez-les d'huile d'olive sur une face. Déposez-les sur la plaque du barbecue préalablement huilée, côté huilé sur la plaque. Badigeonnez l'autre face d'huile d'olive. Grillez 3-4 min environ (chaleur directe), jusqu'à ce que la pâte commence à être marquée et à se gondoler légèrement sur le bord. Retournez alors les disques de pâte. Étalez une couche de tapenade verte, puis répartissez les tomates, les câpres et les dés de fromage. Finissez la cuisson des pizzas 5 min en chaleur indirecte, jusqu'à ce que le fromage soit légèrement fondu et la pâte bien croustillante. Assaisonnez d'herbes de Provence, de fleur de sel et de poivre du moulin. Arrosez d'un filet d'huile d'olive.

PRÉPARATION AVANT	REPOS	PRÉPARATION PENDANT	CUISSON
30 MIN	2 H	20 MIN	10 MIN

VARIANTES

Pour des versions non végétariennes, déposez au dernier moment quelques anchois à l'huile ou des dés d'un très bon thon à l'huile.

PORTOBELLO FARCIS

au pesto d'olives noires

INGRÉDIENTS

POUR 4-6 PERSONNES

12 champignons portobello • 100 g de pignons de pin • 6 cuil. à soupe d'huile d'olive
1 branche de basilic (prélevée sur la botte du pesto)
POUR LE CRUMBLE : 100 g de farine • 100 g de beurre mou coupé en dés
75 g de poudre de noisettes • 75 g de parmesan • Poivre
POUR LE PESTO D'OLIVES NOIRES : 250 g d'olives noires dénoyautées • 1 botte de basilic • 80 g de tomates séchées à l'huile • 80 g de noisettes • 70 g de parmesan râpé • 15 cl d'huile d'olive • ½ cuil. à café de purée d'ail

Mise en place - Au moins 1 h 45 avant le repas

Torréfiez les pignons de pin à sec dans une poêle. Laissez-les refroidir. Disposez les champignons portobello dans un plat à bord haut, sans les superposer. Hachez la branche de basilic. Dans un bol, mélangez l'huile d'olive avec le basilic haché. Versez cette huile sur les champignons, retournez-les plusieurs fois pour bien les enrober. Couvrez de film alimentaire et réservez au moins 2 h au frais.

Préparez le crumble : préchauffez le four à 180 °C (th. 6). Dans un saladier, pétrissez la farine avec le beurre mou coupé en dés jusqu'à l'obtention d'une poudre grossière. Incorporez la poudre de noisettes, le parmesan et une pincée de poivre. Répartissez ce mélange sableux en fine couche sur une plaque tapissée de papier cuisson. Réservez-le au frais pendant la préparation du pesto.

Préparez le pesto d'olives noires : hachez très finement les olives noires, les tomates séchées, les noisettes et la moitié des pignons grillés. Placez ces ingrédients dans un bol, ajoutez le parmesan râpé et la purée d'ail. Mélangez bien. Incorporez de l'huile d'olive en filet sans cesser de mélanger jusqu'à l'obtention d'un pesto à la consistance souhaitée (comptez 15 cl d'huile environ). Effeuillez la botte de basilic et hachez-le très finement. Ajoutez-les dans le pesto, rectifiez l'assaisonnement. Couvrez de film alimentaire et réservez au frais jusqu'au repas.

Enfournez le crumble pour 15 min environ, jusqu'à ce qu'il ait pris une légère coloration dorée. Ajoutez le reste des pignons grillés et laissez refroidir.

Au moment du repas

Huilez et préchauffez la plancha. Faites cuire les champignons 5 min environ sur la plancha, en les tournant et en les badigeonnant régulièrement de l'huile au basilic. Lorsqu'ils sont bien dorés, farcissez-les de pesto noir et parsemez de crumble. Baissez la température de la plancha et terminez la cuisson 8 min environ.

PRÉPARATION AVANT	REPOS	CUISSON
1 H	2 H	13 MIN

PIMIENTOS FARCIS À LA POLENTA

au manchego, romarin et paprika fumé

INGRÉDIENTS

POUR 4 PERSONNES

12 petits poivrons longs (« pimientos del piquillo ») • 100 g de semoule de maïs fine
80 g de manchego • 50 cl de boisson végétale à l'amande • 10 cl d'huile d'olive + 3 cuil. à soupe
1 cuil. à café de paprika fumé moulu • 3 brins de romarin • Sel • Poivre

Mise en place - Au moins 2 h 30 avant le barbecue

Lavez les pimientos. Coupez leur pédoncule et retirez les graines. Disposez-les dans un plat à bord haut, sans les superposer.

Effeuillez les brins de romarin. Dans un bol, mélangez 10 cl d'huile d'olive avec le romarin, salez et poivrez. Versez cette marinade sur les petits poivrons, retournez-les plusieurs fois pour bien les enrober. Couvrez de film alimentaire et réservez 2 h au frais.

Détaillez le manchego en petits dés. Dans une grande casserole, faites chauffer la boisson à l'amande avec 3 cuillerées à soupe d'huile d'olive et le paprika fumé. À ébullition, versez en pluie la semoule de maïs en remuant. Faites cuire 20 min environ (ou selon les indications du paquet), en remuant de temps en temps : la semoule devra avoir absorbé tout le liquide. Hors du feu, ajoutez le manchego et mélangez bien. Salez, poivrez et laissez refroidir.

Égouttez les pimientos et farcissez-les de polenta froide. Replacez-les dans le plat, couvrez de film alimentaire et réservez au frais jusqu'au barbecue.

Au moment du barbecue

Grillez les pimientos farcis 5 min environ (chaleur directe), en les tournant et en les badigeonnant régulièrement de leur huile au romarin. Finissez la cuisson 10 min environ en chaleur indirecte. Servez avec un filet de l'huile au romarin.

PRÉPARATION AVANT
45 MIN

REPOS
2 H 30

CUISSON
35 MIN

QUESADILLAS

aux pousses d'épinard et fromage de Oaxaca

INGRÉDIENTS

POUR 4 PERSONNES

POUR LES TORTILLAS :

500 g de farine de maïs (+ un peu pour le plan de travail)
5 cuil. à soupe d'huile d'olive (+ un peu pour la poêle)
½ cuil. à café de sel fin

POUR LA GARNITURE :

200 g de pousses d'épinard • 200 g de fromage de Oaxaca
200 g de maïs (en conserve) • 2 citrons verts • Sel • Poivre

Mise en place - Au moins 1 h 30 avant le repas

Préparez les tortillas : dans un saladier, mélangez la farine de maïs avec le sel. Creusez un puits au centre, versez-y 20 cl d'eau et 3 cuillerées à soupe d'huile d'olive. Mélangez progressivement les éléments à l'aide d'une spatule en bois, puis pétrissez jusqu'à l'obtention d'une pâte lisse et homogène. Au besoin, rajoutez un peu de farine ou d'eau. Formez une boule de pâte, couvrez d'un linge propre et réservez 30 min à température ambiante. Passé ce délai, divisez la pâte en 8 morceaux. À l'aide d'un rouleau à pâtisserie, étalez un premier morceau sur un plan de travail fariné pour obtenir un disque de pâte fin. Déposez-le délicatement sur une poêle bien chaude et légèrement huilée, puis faites cuire 2-3 min de chaque côté. Réservez sur une assiette et renouvelez l'opération pour obtenir 8 tortillas. Laissez-les refroidir jusqu'au repas.

Au moment du repas

Préchauffez la plancha. Égouttez le maïs. Hachez finement les pousses d'épinard et le fromage de Oaxaca. Mélangez-les dans un saladier, salez et poivrez. Garnissez 4 tortillas du mélange épinard-fromage. Parsemez de grains de maïs. Recouvrez avec les 4 tortillas restantes, pressez légèrement. Faites griller les quesadillas 2-3 min sur chaque face sur la plancha, puis baissez la température et terminez la cuisson jusqu'à ce que le fromage soit bien fondu. Coupez en parts et servez avec des quartiers de citron vert.

PRÉPARATION AVANT	REPOS	PRÉPARATION PENDANT	CUISSON
1 H	30 MIN	15 MIN	10 MIN

ASSIQUES REVISITÉES SALADES CLASSIQUES REVISITÉES SALADES CLASSIQUES REVISITÉES SALADES CLASSIQUES REVISITÉES
LADES CLASSIQUES REVISITÉES SALADES CLASSIQUES REVISITÉES SALADES CLASSIQUES REVISITÉES SALADES CLASSIQUES REVISITÉES
DES CLASSIQUES REVISITÉES SALADES CLASSIQUES REVISITÉES SALADES CLASSIQUES REVISITÉES SALADES CLASSIQUES REVISITÉES

SALADES CLASSIQUES REVISITÉES SALADES CLASSIQUES REVISITÉES SALADES CLASSIQUES REVISITÉES SALADES CLASSIQUES REVISITÉE
SALADES CLASSIQUES REVISITÉES SALADES CLASSIQUES REVISITÉES SALADES CLASSIQUES REVISITÉES SALADES CLASSIQUES R
SALADES CLASSIQUES REVISITÉES SALADES CLASSIQUES REVISITÉES SALADES CLASSIQUES REVISITÉES SALADES CLASSIQUES REV

SALADES CLASSIQUES REVISITÉES

SALADE
de pommes de terre

INGRÉDIENTS

POUR 4 PERSONNES

800 g de pommes de terre vitelotte • 1 oignon rouge • 2 échalotes • 10 cornichons moyens
7 cuil. à soupe d'huile d'olive vierge extra • 3 cuil. à soupe de vinaigre de vin
2 cuil. à soupe de moutarde à l'ancienne • Quelques brins de ciboulette fraîche • Sel • Poivre

Mise en place

Lavez, épluchez et plongez les pommes de terre dans une casserole d'eau froide salée, placée sur feu doux. À partir de l'ébullition, comptez 20 à 25 min, en fonction de leur taille. Vérifiez leur cuisson à l'aide d'un couteau, elles doivent être tendres à cœur. Passez les pommes de terre sous l'eau fraîche afin de les refroidir et coupez-les en cubes.

Épluchez et émincez finement les échalotes. Rincez et ciselez finement la ciboulette. Épluchez et découpez l'oignon rouge en fines lamelles. Coupez les cornichons en fines tranches.

Au moment du barbecue

Dans un saladier, mélangez l'huile, le vinaigre, la moutarde, du sel et du poivre. Ajoutez les pommes de terre, les échalotes, l'oignon, les cornichons et la ciboulette.

Mélangez et servez directement dans le saladier pour un repas en toute convivialité.

PRÉPARATION 15 MIN

CUISSON 20 MIN

ASTUCE :

Contrairement aux autres légumes, la cuisson à l'eau des pommes de terre commence à froid afin de garan tir une cuisson homogène. Il en est de même pour les légumes farineux (patate douce...) et les légumes racines (topinambour, rutabaga...).

SALADE D'ENDIVES,
roquefort, poires, noix et cranberries

INGRÉDIENTS

POUR 4 PERSONNES

6 endives • 2 poires • 15 noix • 100 g de roquefort • 80 g de cranberries séchées
6 cuil. à soupe d'huile de noix • 1 cuil. à soupe de moutarde à l'ancienne • 1 citron jaune bio
3 cuil. à soupe de vinaigre de cidre • Quelques brins de persil • Sel • Poivre

Mise en place

Lavez et retirez l'extrémité amère des endives. Tranchez-les en lamelles. Rincez, épluchez et coupez les poires en dés. Concassez les cerneaux de noix. Plongez les cranberries dans un bol d'eau chaude au moins 10 min afin de les réhydrater.

Émiettez le roquefort à l'aide d'une fourchette. Pressez le jus du citron. Lavez et ciselez le persil.

Au moment du barbecue

Dans un saladier, mélangez l'huile de noix, le vinaigre, le jus de citron, la moutarde, du sel, du poivre et le persil. Ajoutez le roquefort, les poires, les endives, les cranberries et les noix. Dégustez en entrée ou en accompagnement.

PRÉPARATION 20 MIN

REPOS 10 MIN

ASTUCE :

Pour enlever l'amertume naturelle des noix et diminuer le risque d'aphte, ôtez la fine pellicule marron sur chaque cerneau de noix. Cette opération minutieuse en vaut la chandelle !

SALADE *Cobb*

INGRÉDIENTS

POUR 4 PERSONNES

1 salade type laitue, iceberg ou romaine • 3 tomates cœur-de-bœuf • 2 avocats
1 cébette ou 1 oignon nouveau • Quelques brins d'herbes aromatiques (ciboulette, aneth, persil)
1 oignon rouge • 1 gousse d'ail • 4 œufs de poules élevées en plein air • 6 tranches de bacon • 4 blancs de poulets élevés en plein air • 150 g de roquefort • 5 cuil. à soupe de mayonnaise, soit 50 g environ • 1 cuil. à soupe de crème fraîche liquide à 30 % de matières grasses • Sel • Poivre

Mise en place

Faites cuire les œufs et les blancs de poulets pendant 10 min dans une casserole d'eau bouillante. Passez les œufs sous l'eau froide avant de les écaler. Puis coupez-les en rondelles et les blancs de poulets en lamelles.

Dans une poêle chaude, faites griller à sec les tranches de bacon.

Préparez les crudités. Rincez et effeuillez la salade. Lavez, pelez et tranchez les tomates. Prélevez la chair de l'avocat, puis détaillez-la en cubes. Lavez, épluchez, puis émincez finement l'oignon rouge.

Découpez le roquefort en petits dés.

Préparez la sauce : lavez et ciselez le persil, la ciboulette et l'aneth. Épluchez et râpez la cébette. Épluchez et pressez l'ail à l'aide d'un presse-ail. Dans un bol, mélangez la mayonnaise, la crème fraîche, les herbes, l'ail, la cébette, du sel et du poivre.

Au moment du barbecue

Disposez tous les éléments dans un plat : la salade, les tomates, le poulet, l'avocat, les œufs, le bacon et le roquefort.

Ajoutez la sauce, et servez bien frais.

PRÉPARATION 25 MIN

CUISSON 15 MIN

ASTUCE :
Vous pouvez remplacer la vinaigrette maison par une sauce déjà préparée type « ranch ».

TABOULÉ DE POISSON
au pamplemousse chinois

INGRÉDIENTS

POUR 6 PERSONNES

200 g de couscous moyen • 100 g de boulgour • 100 g de sauce aigre douce
1 pamplemousse chinois • 1 pamplemousse rose • 1 oignon rouge • 1 poivron rouge • 1 citron vert bio • 1 citron jaune bio • 1 bouquet d'aneth • 800 g de dos ou de filet de cabillaud
8 cuil. à soupe d'huile d'olive vierge extra • Piment en poudre ou harissa • Sel • Poivre

Mise en place - Au moins 3 h avant le barbecue

Prélevez le jus du citron vert. Faites cuire le poisson au cuiseur vapeur 20 min en le recouvrant du jus de citron vert (alternative : faites cuire le poisson dans une grande casserole d'eau bouillante citronnée).

Dans une casserole d'eau bouillante salée, plongez le boulgour 8 min et égouttez-le.

Pressez le jus du citron jaune et celui du pamplemousse rose. Dans un saladier, mélangez le couscous, les jus d'agrumes pressés, l'huile d'olive, le piment ou la harissa, du sel et du poivre. Laissez reposer 2 h avant d'ajouter le boulgour déjà cuit.

En parallèle, coupez et prélevez la chair du pamplemousse chinois, puis émiettez-le finement. Dans un saladier, mélangez la pulpe de pamplemousse et la sauce aigre douce, et laissez reposer 2 h.

Pendant ce temps, préparez les légumes : épluchez l'oignon rouge et détaillez-le dans la longueur afin d'obtenir de fines lamelles. À l'aide d'un épluche-tomate, ôtez la peau du poivron rouge et coupez-le en dés. Lavez et ciselez finement l'aneth.

Au moment du barbecue

Ajoutez l'oignon rouge, les dés de poivron et l'aneth dans le saladier pamplemouse-aigre douce. Versez ce mélange dans le saladier du couscous.

PRÉPARATION 25 MIN

CUISSON 28 MIN

REPOS 2 H

ASTUCE :

Conservez l'eau de cuisson du boulgour afin d'allonger éventuellement le taboulé s'il est trop sec en fin de préparation.

ÉGÈRES SALADES LÉGÈRES SALADES LÉGÈRES SALADES LÉGÈRES SALADES LÉGÈRES SALADES LÉGÈRES SALADES LÉGÈRES
ALADES LÉGÈRES SALADES LÉGÈRES SALADES LÉGÈRES SALADES LÉGÈRES SALADES LÉGÈRES SALADES LÉGÈRES SALADES LÉGÈRES
ADES LÉGÈRES SALADES LÉGÈRES SALADES LÉGÈRES SALADES LÉGÈRES SALADES LÉGÈRES SALADES LÉGÈRES SALADES LÉGÈRES

SALADES LÉGÈRES SALADES LÉGÈRES SALADES LÉGÈRES SALADES LÉGÈRES SALADES LÉGÈRES SALADES LÉGÈRES SALADES LÉGÈRES
SALADES LÉGÈRES SALADES LÉGÈRES SALADES LÉGÈRES SALADES LÉGÈRES SALADES LÉGÈRES SALADES LÉGÈRES SALADES
SALADES LÉGÈRES SALADES LÉGÈRES SALADES LÉGÈRES SALADES LÉGÈRES SALADES LÉGÈRES SALADES LÉGÈRES SALADES LÉG

SALADES LÉGÈRES

SALADE DE CHOU KALE,
fruits secs et oléagineux, pomme et feta

INGRÉDIENTS

POUR 4 PERSONNES

300 g de chou kale • 4 cuil. à soupe de fruits secs (cranberries, abricots, figues...)
4 cuil. à soupe de fruits oléagineux (amandes, noix, noisettes...) • 100 g de feta • 1 échalote
4 cuil. à soupe d'huile d'olive vierge extra • 2 cuil. à soupe de vinaigre balsamique
1 pomme acide type granny smith • 1 cuil. à café de sauce soja sucrée • Sel • Poivre

Mise en place

Lavez le chou kale. Rincez, pelez et coupez la pomme en quartiers, puis en fines tranches. Épluchez et hachez finement l'échalote.

Taillez la feta en dés.

Concassez les fruits oléagineux à l'aide d'un robot, d'un pilon ou d'un couteau. Émincez les fruits secs à l'aide d'un couteau bien aiguisé.

Au moment du barbecue

Dans un saladier, mélangez l'huile, le vinaigre, la sauce soja, l'échalote, du sel et du poivre.

Ajoutez le chou kale, les pommes, la feta, les fruits secs et oléagineux, puis mélangez.

Servez bien frais.

PRÉPARATION

15 MIN

ASTUCE :

Les fruits secs et oléagineux sont riches en goût. Leur texture croquante ou fondante permet de varier les plaisirs. N'hésitez donc pas à recourir à ces précieux exhausteurs dans votre cuisine quotidienne comme dans celle des grandes occasions.

SALADE DE CREVETTES,
avocats, artichauts et grenade

INGRÉDIENTS

POUR 4 PERSONNES

16 crevettes sauvages • 2 avocats • 4 artichauts blancs • 2 grenades
1 citron jaune bio • 2 cuil. à soupe d'huile d'olive vierge extra • Coriandre • Sel • Poivre

Mise en place

Faites chauffer l'huile dans une poêle pour saisir les crevettes, 10 min environ. Décortiquez-les après cuisson en réservant les têtes pour la décoration (facultatif).

Dans une casserole d'eau bouillante, faites cuire les artichauts 45 min, égouttez, puis prélevez les cœurs.

Découpez les grenades et récoltez leurs grains. Séparez les avocats en deux, ôtez les noyaux et récupérez la chair. Coupez l'avocat et les cœurs d'artichaut en dés. Prélevez le jus du citron. Lavez et effeuillez la coriandre.

Mélangez les dés d'avocat et d'artichaut avec le citron, du sel et du poivre.

À l'aide d'un emporte-pièce, disposez la préparation en cercle.

Au moment du barbecue

Complétez avec les crevettes, puis la coriandre. Saupoudrez des grains de grenade. Ajoutez les têtes de crevette pour la décoration.

Retirez le cercle de présentation et servez en entrée.

PRÉPARATION 25 MIN

CUISSON 55 MIN

ASTUCE :

Dans un souci de gain de temps, vous pouvez utiliser des cœurs d'artichauts en conserve ou surgelés.

SALADE DE CURRY, crudités et jambon

INGRÉDIENTS

POUR 4 PERSONNES

1 salade verte type laitue ou feuille de chêne • 300 g de champignons de Paris frais
1 boîte de cœurs de palmier en conserve, soit 220 g environ • 400 g de haricots verts frais bio
½ barquette de tomates cerises • 1 ananas frais • 1 citron jaune bio • 200 g de gruyère
4 tranches de jambon blanc • 4 œufs de poules élevées en plein air • 4 cuil. à soupe d'huile d'arachide
2 cuil. à soupe de vinaigre balsamique • 3 cuil. à soupe de curry • Sel • Poivre

Mise en place

Préparez les crudités. Rincez et effeuillez la salade. Lavez et coupez les tomates cerises en deux. Brossez et tranchez finement les champignons. Pressez le jus du citron jaune et versez-le sur les champignons.

Nettoyez puis équeutez les haricots verts. Faites-les cuire dans une casserole d'eau légèrement salée pendant environ 10 min. Égouttez-les et plongez-les dans un bain d'eau froide pour conserver la chlorophylle.

Pelez l'ananas et taillez la chair en dés, en ayant pris soin d'enlever la partie centrale moins tendre.

Découpez le jambon en dés après en avoir ôté la couenne. Taillez les cœurs de palmier en rondelles.

Détaillez le gruyère en dés.

Glissez les œufs dans une casserole d'eau bouillante pendant 10 min. Passez-les sous l'eau froide avant de les écaler. Coupez-les en rondelles.

Au moment du barbecue

Dans un saladier, mélangez l'huile, le vinaigre, le curry, du sel et du poivre.

Ajoutez tous les ingrédients de la salade, puis mélangez.

Savourez en accompagnement de vos grillades.

ASTUCE :
L'ananas frais peut être remplacé par sa version en conserve, en fonction de la saison où vous souhaitez concocter cette recette. Le jus de citron évite l'oxydation des fruits et légumes entre leur préparation et leur consommation. N'hésitez donc pas à en user et en abuser en cuisine, il relève et conserve intacts les végétaux !

PRÉPARATION 20 MIN

CUISSON 20 MIN

SALADE DE BROCOLIS,
figues et jambon cru

INGRÉDIENTS

POUR 4 PERSONNES

600 g de brocolis frais • 8 fines tranches de jambon cru type Serrano • 4 figues fraîches bien mûres • 1 poignée d'amandes effilées • ½ citron • 100 g de parmesan • 3 cuil. à soupe d'huile • 2 cuil. à soupe de vinaigre • Sel

Mise en place

Lavez et faites cuire les brocolis, séparés en bouquets, dans une grande casserole d'eau bouillante légèrement salée.

Stoppez la cuisson quand le brocoli est encore al dente, en l'immergeant dans de l'eau froide.

Dans une casserole, faites légèrement griller les amandes effilées sans cesser de remuer afin d'éviter qu'elles ne brûlent.

Rincez et coupez les figues en quartiers.

Découpez le jambon cru en lamelles.

Détaillez le parmesan en copeaux à l'économe.

Au moment du barbecue

Préparez la sauce : dans un saladier, mélangez l'huile, le vinaigre et le jus du citron pressé.

Dans des bols individuels, disposez les figues, le jambon cru, les copeaux de parmesan puis les brocolis et les amandes grillées.

Ajoutez la sauce et dégustez froid.

ASTUCE :

Faites cuire les brocolis al dente afin qu'ils gardent leur saveur autant que leur croquant pour réconcilier petits et grands avec ce grand mal-aimé de la cuisine française !

PRÉPARATION 10 MIN

CUISSON 15 MIN

RMANDES SALADES GOURMANDES SALADES GOURMANDES SALADES GOURMANDES SALADES GOURMANDES SALADES GOURMANDES
ADES GOURMANDES SALADES GOURMANDES SALADES GOURMANDES SALADES GOURMANDES SALADES GOURMANDES SALADES GOURMANDE
S GOURMANDES SALADES GOURMANDES SALADES GOURMANDES SALADES GOURMANDES SALADES GOURMANDES SALADES GOURMANDES

SALADES GOURMANDES SALADES GOURMANDES SALADES GOURMANDES SALADES GOURMANDES SALADES GOURMANDES SALADES GOURM
SALADES GOURMANDES SALADES GOURMANDES SALADES GOURMANDES SALADES GOURMANDES SALADES GOURMANDES SALAD
SALADES GOURMANDES SALADES GOURMANDES SALADES GOURMANDES SALADES GOURMANDES SALADES GOURMANDES SALADES

SALADES GOURMANDES

SALADE DE PÂTES,
tomates cerises et chorizo

INGRÉDIENTS

POUR 6 PERSONNES

300 g de penne, farfalle ou torsade • 300 g de chorizo (ou autre saucisse fumée)
500 g de tomates cerises bio • 2 gousses d'ail • 120 g de parmesan •
1 bouquet de basilic frais • 9 cuil. à soupe d'huile d'olive vierge extra • Sel • Poivre

Mise en place

Faites cuire les pâtes dans une casserole d'eau bouillante salée.

Lavez et coupez les tomates cerises en deux. Tranchez le chorizo en fines lamelles. Rincez et ciselez finement le basilic. Découpez le parmesan en copeaux. Épluchez et pressez les gousses d'ail.

Au moment du barbecue

Dans un saladier, mélangez du sel, du poivre, l'ail et l'huile d'olive. Ajoutez les dés de chorizo, les pâtes, les tomates cerises et le basilic.

Saupoudrez de parmesan à la dernière minute.

Mélangez et dégustez en entrée ou en accompagnement de vos grillades.

ASTUCE :
Passez les pâtes sous l'eau froide après cuisson afin qu'elles ne collent pas.

PRÉPARATION
15 MIN

CUISSON
10 MIN

SALADE DE CHOU-FLEUR
et crevettes

INGRÉDIENTS

POUR 4 PERSONNES

1 chou-fleur • 12 crevettes roses • 2 tomates • 3 pommes de terre
4 œufs de poules élevées en plein air • 1 concombre • 1 cuil. à soupe de moutarde
3 cuil. à soupe d'huile de tournesol • 1 cuil. à soupe de vinaigre de Xérès
4 cuil. à soupe de mayonnaise • Quelques brins d'estragon frais • Sel • Poivre

Mise en place

Lavez, épluchez et plongez les pommes de terre dans une casserole d'eau froide salée, placée sur feu doux. À partir de l'ébullition, comptez 20 à 25 min, en fonction de leur taille. Vérifiez leur cuisson à l'aide d'un couteau, elles doivent être tendres à cœur. Égouttez-les et découpez-les en rondelles.

Dans une casserole d'eau bouillante, faites cuire les œufs pendant 5 min avant de les glisser dans l'eau froide.

Nettoyez et détaillez le chou-fleur en bouquets. Faites-le cuire pendant 10 min dans une casserole d'eau bouillante salée. Égouttez et plongez les bouquets dans un bain d'eau froide.

Placez les crevettes dans une casserole d'eau bouillante, puis faites-les cuire 3 min à partir de la reprise de l'ébullition. Décortiquez-les une fois refroidies.

Pelez et coupez le concombre en rondelles. Lavez, épluchez et découpez les tomates en fines rondelles. Rincez et ciselez l'estragon.

Au moment du barbecue

Dans un saladier, mélangez l'huile, le vinaigre, la moutarde, la mayonnaise, du sel et du poivre.

Ajoutez le chou-fleur, le concombre, les tomates, les pommes de terre, les crevettes et l'estragon puis mélangez. Disposez délicatement les œufs mollets sur le dessus du plat.

Dégustez en entrée ou en accompagnement.

PRÉPARATION 25 MIN

CUISSON 45 MIN

ASTUCE :

Afin d'extraire une partie de l'eau des concombres et les rendre plus croquants, vous pouvez les faire dégorger dans du gros sel. N'oubliez pas de les rincer à l'eau froide après cette opération.

SALADE DE CHÈVRES CHAUDS, *oignons et lardons*

INGRÉDIENTS

POUR 4 PERSONNES

1 frisée • 150 g de lardons fumés • ½ bûche de chèvre
6 cuil. à soupe d'huile d'olive vierge extra • 3 cuil. à soupe de vinaigre balsamique
8 fines tranches de pain complet • 1 cuil. à soupe de sucre roux
3 oignons jaunes • 1,5 cuil. à soupe de moutarde à l'ancienne • Sel • Poivre

Mise en place

Préchauffez le four à 180 °C (th. 6).

Lavez et effeuillez la salade. Épluchez et émincez finement les oignons.

Faites griller les tranches de pain, disposez une fine rondelle de bûche de chèvre sur chacune et enfournez 5 à 10 min.

Dans une poêle, faites revenir sur feu doux les oignons et les lardons avec un peu d'eau afin que les aliments n'accrochent pas. Ajoutez le sucre roux à mi-cuisson pour caraméliser légèrement les oignons.

Au moment du barbecue

Dans un saladier, mélangez l'huile d'olive, le vinaigre, la moutarde, du sel et du poivre. Ajoutez la salade, les oignons et les lardons. Mélangez bien.

Dans chaque assiette, disposez la salade surmontée de deux toasts au chèvre encore chauds.

Dégustez.

PRÉPARATION 15 MIN

CUISSON 30 MIN

ASTUCE :
Pour plus de légèreté, remplacez les lardons par des dés d'épaule ou des allumettes de bacon, pauvres en matières grasses.

S VÉGÉTARIENNES SALADES VÉGÉTARIENNES SALADES VÉGÉTARIENNES SALADES VÉGÉTARIENNES SALADES VÉGÉTARIENNES
SALADES VÉGÉTARIENNES SALADES VÉGÉTARIENNES SALADES VÉGÉTARIENNES SALADES VÉGÉTARIENNES SALADES VÉGÉTARIENNES
ALADES VÉGÉTARIENNES SALADES VÉGÉTARIENNES SALADES VÉGÉTARIENNES SALADES VÉGÉTARIENNES SALADES VÉGÉTARIENNES

SALADES VÉGÉTARIENNES

SALADE DE PASTÈQUE, *feta et menthe*

INGRÉDIENTS

POUR 4 PERSONNES

½ pastèque • ½ barquette de feta (soit 110 g environ)
1 bouquet de menthe fraîche bio • 4 cuil. à soupe d'huile de colza
2 cuil. à soupe de vinaigre de cidre • 1 citron jaune • Sel • Poivre

Mise en place

Prélevez la chair de la pastèque, ôtez les pépins et coupez-la en gros cubes. Taillez la feta en dés de plus petite taille. Lavez et ciselez la menthe fraîche.

Au moment du barbecue

Dans un saladier, mélangez l'huile, le vinaigre, le citron pressé, du sel et du poivre. Ajoutez la pastèque, la feta et la menthe. Mélangez et servez en entrée.

PRÉPARATION

20 MIN

ASTUCE :

Évitez les pastèques sans pépins : issues de modifications génétiques artificielles, elles sont les produits de laboratoires et non plus de la nature, qui, parfois n'est pas si bien faite ! Pensez à la feta allégée proposée par certaines marques. Avec ses moins de 10 % de matières grasses, elle se décline dans toutes les recettes.

SALADE
et mesclun

INGRÉDIENTS
POUR 4 PERSONNES

4 poignées généreuses de mesclun, soit un sachet de 125 g • 1 mangue ou ¼ de papaye
1 cébette ou 1 petit oignon blanc • 6 cuil. à soupe de mélange de graines de tournesol, lin et courge • 2 avocats
Quelques brins de basilic • 60 g de parmesan • 3 cuil. à soupe d'huile de colza
3 cuil. à soupe d'huile d'olive vierge extra • 3 cuil. à soupe de vinaigre balsamique blanc • Sel • Poivre

Mise en place

Lavez soigneusement le mesclun. Prélevez la chair des avocats et de la mangue (ou de la papaye), puis coupez-les en dés. Épluchez et émincez finement la cébette. Rincez et ciselez le basilic.

Détaillez le parmesan en copeaux à l'aide d'un économe.

Au moment du barbecue

Dans un saladier, mélangez les huiles, le vinaigre, du sel, du poivre et le basilic.

Ajoutez le mesclun, les dés d'avocat et de mangue (ou de papaye), le parmesan, la cébette, le mélange de graines, puis mélangez.

Dégustez bien frais en entrée ou en accompagnement.

PRÉPARATION
15 MIN

ASTUCE :

Afin de souligner la saveur d'une graine en particulier, utilisez-la en exclusivité.

TRIO DE TOMATES,
poivrons et mozzarella

INGRÉDIENTS

POUR 6 PERSONNES

2 tomates ananas • 2 tomates noires de Crimée • 2 tomates cœur-de-bœuf
2 poivrons rouges • 1 oignon rouge • 3 boules de mozzarella di Bufala
12 cuil. à soupe d'huile d'olive vierge extra • 3 cuil. à soupe de vinaigre balsamique
1 gousse d'ail • 1 bouquet de basilic bio • Sel • Poivre

Mise en place - Au moins 3 h avant le barbecue

Disposez les poivrons sur une plaque antiadhésive et mettez-les au four sous le gril. Retirez-les lorsque la peau commence à noircir. Disposez immédiatement les poivrons dans un sac en plastique (ou dans un sac congélation) bien fermé. Patientez 15 min avant d'ouvrir le sac. Pelez les poivrons (la peau se décolle facilement après cette opération).

Épluchez et écrasez l'ail à l'aide d'un presse-ail. Faites mariner les poivrons 2 h avec l'ail et 4 cuillerées à soupe d'huile d'olive.

Pendant ce temps, ôtez la peau des tomates avec un épluche-tomate et tranchez-les en fines rondelles. Lavez, épluchez et émincez l'oignon rouge en fines lamelles. Rincez et effeuillez le basilic.

Coupez les boules de mozzarella en rondelles de taille identique.

Au moment du barbecue

Dans un bol, mélangez le reste d'huile d'olive, le vinaigre, du sel et du poivre.

Dans un plat, disposez en corolle en alternant les tomates et la mozzarella. Ajoutez les poivrons égouttés et coupés en lamelles et l'oignon rouge puis la sauce et le basilic.

Dégustez bien frais en entrée ou en accompagnement.

PRÉPARATION 10 MIN

CUISSON 20 MIN

REPOS 2 H 15

ASTUCE :

Si vous n'avez pas d'épluche-tomate, plongez les tomates 10 min dans l'eau bouillante salée avant de les refroidir immédiatement dans un bain d'eau froide. La peau se retirera alors facilement. Vous pouvez varier les variétés de tomates en privilégiant des tomates aux couleurs différentes afin d'égayer votre assiette.

SALADE DE LENTILLES
et burrata

INGRÉDIENTS

POUR 4 PERSONNES

200 g de lentilles vertes • 4 carottes • 1 bulbe de fenouil • 2 échalotes • 2 burratas fraîches
3 cuil. à soupe de vinaigre balsamique • 4 feuilles de laurier • 6 cuil. à soupe d'huile de noix
16 noix fraîches • 6 brins de sarriette • 2 cuil. à soupe de moutarde à l'ancienne • Sel • Poivre

Mise en place

Lavez et effeuillez la sarriette.

Rincez les lentilles. Disposez-les dans une casserole avec 3 fois leur volume d'eau, soit 600 ml. Ajoutez la sarriette et les feuilles de laurier, puis portez à ébullition. Faites cuire sur feu doux à couvert 20 à 25 min, puis égouttez et ôtez le laurier et la sarriette.

Nettoyez, coupez les extrémités du bulbe de fenouil et émincez-le très finement. Épluchez et râpez les carottes. Émincez finement les échalotes. Concassez les cerneaux de noix.

Coupez la burrata en tranches.

Au moment du barbecue

Dans un saladier, mélangez l'huile, le vinaigre, les échalotes, la moutarde, du sel et du poivre. Ajoutez les lentilles, les carottes, le fenouil et les noix, avant de remuer.

Dans chaque assiette, disposez le mélange de végétaux et quelques rondelles de burrata.

Servez bien frais en entrée ou en accompagnement.

PRÉPARATION
25 MIN

CUISSON
20 À 25 MIN

ASTUCE :

L'ajout de sarriette lors de la cuisson des légumineuses permet de faciliter leur digestion et évite les désagréments souvent causés par leur consommation alors qu'ils sont fort riches en nutriments bons pour le corps. Baigner les légumes secs dans l'eau claire avant cuisson améliore également leur digestibilité. Il est temps de se réconcilier avec les lentilles et autres pois chiches ! Les lentilles peuvent être remplacées par d'autres légumineuses comme les pois chiches ou les haricots blancs.

SALADE GOURMANDE DE PÂTES,

haricots verts et fruits secs, sauce coco curry

INGRÉDIENTS

POUR 4 PERSONNES

250 g de pâtes fraîches type torsade • 300 g de haricots verts frais
120 g d'emmental • 4 cuil. à soupe de raisins secs • 4 cuil. à soupe d'oignons frits
Quelques brins de coriandre • 4 cuil. à soupe de lait de coco • 8 abricots secs
1 cuil. à café de paprika • 1 cuil. à soupe de curry en poudre • 2 citrons verts bio
1 cuil. à café de moutarde de Dijon • Sel

Mise en place

Dans une casserole d'eau bouillante salée, faites cuire les pâtes 10 min environ en fonction du temps indiqué sur le paquet. Égouttez-les.

Lavez et équeutez les haricots verts. Faites-les bouillir dans une casserole d'eau légèrement salée pendant environ 10 min. Égouttez-les et plongez-les dans un bain d'eau froide pour conserver la chlorophylle.

Glissez les raisins secs dans un bol d'eau chaude afin de les réhydrater pendant 10 min environ, puis égouttez-les.

Taillez l'emmental en dés. Rincez et effeuillez la coriandre. Coupez les abricots secs en dés. Pressez le jus des citrons.

Au moment du barbecue

Dans un saladier, mélangez le lait de coco, le curry, le paprika, le jus des citrons et la moutarde.

Ajoutez les pâtes, les oignons frits, les haricots verts, l'emmental et les fruits secs avant de mélanger.

Disposez quelques feuilles de coriandre sur le dessus avant de servir tiède en accompagnement.

PRÉPARATION 10 MIN

CUISSON 10 MIN

REPOS 10 MIN

ASTUCE :

N'hésitez pas à équeuter vos haricots verts à l'aide d'une paire de ciseaux afin de gagner du temps tout en épargnant vos ongles !

SALADE DE FENOUIL, *poire et amandes*

INGRÉDIENTS

POUR 4 PERSONNES

2 bulbes de fenouil • 1 poire Williams bien mûre • ½ citron jaune bio
Quelques brins de ciboulette • 80 g de parmesan ou de pecorino
6 cuil. à soupe d'huile d'olive vierge extra • 60 g d'amandes non salées
3 cuil. à soupe de vinaigre balsamique • 10 olives noires • Sel • Poivre

Mise en place

Lavez et coupez les extrémités des bulbes de fenouil. Tranchez-les en fines lamelles. Rincez, épluchez, puis découpez la poire en quartiers fins.

À l'aide d'un robot ou d'un pilon, concassez grossièrement les amandes.

Taillez des copeaux de parmesan ou de pecorino avec un économe.

Pressez le jus du citron. Lavez et ciselez les brins de ciboulette.

Au moment du barbecue

Dans un saladier, mélangez l'huile, le vinaigre, le parmesan ou le pecorino, le jus du citron, du sel et du poivre.

Complétez avec les amandes, le fenouil, la poire et mélangez. Ajoutez les olives et la ciboulette.

Servez et savourez en entrée ou en accompagnement.

PRÉPARATION
15 MIN

ASTUCE :

Plus l'affinage du parmesan ou du pecorino aura été long, plus le fromage aura eu le temps de développer tous ses parfums. Privilégiez donc les longs affinages afin d'utiliser moins de fromage pour un résultat tout aussi savoureux !

SALADE DE QUINOA,
grenade et fèves

INGRÉDIENTS

POUR 4 PERSONNES

200 g de quinoa • 1 grenade • 200 g de fèves fraîches
1 citron jaune • Quelques brins de coriandre • 3 cuil. à soupe d'huile de noix
2 échalotes • 3 cuil. à soupe d'huile de tournesol • Sel • Poivre

Mise en place

Plongez le quinoa dans une casserole remplie de 300 ml d'eau. Portez à ébullition et faites cuire 10 min jusqu'à ce que l'eau soit complètement absorbée.

Ôtez les cosses des fèves, puis retirez la peau de chacune d'elles.

Prélevez les grains de la grenade. Épluchez et émincez finement les échalotes. Pressez le jus du citron. Lavez et ciselez la coriandre.

Au moment du barbecue

Dans un saladier, mélangez les huiles, les échalotes, le jus de citron, du sel et du poivre.

Ajoutez le quinoa, les fèves fraîches, la grenade et la coriandre.

Mélangez et savourez en entrée ou en accompagnement.

PRÉPARATION 15 MIN

CUISSON 10 MIN

ASTUCE :

Le quinoa peut être remplacé par d'autres céréales complètes ou légumineuses afin de varier les plaisirs tout en conservant les fibres pour la satiété : boulgour, lentilles, semoule complète...

TABOULÉ LIBANAIS
au persil

INGRÉDIENTS

POUR 4 PERSONNES

3 bouquets de persil plat • 1 bouquet de menthe fraîche • 2 cébettes
3 tomates type tomates noires de Crimée • 2 citrons jaunes bio
50 g de boulgour • 7 cuil. à soupe d'huile d'olive vierge extra • Sel • Poivre

Mise en place - 1 h avant le barbecue

Rincez le boulgour plusieurs fois à l'eau claire, puis laissez-le tremper 1 h dans de l'eau froide.

Lavez et ciselez le persil et la menthe. Rincez, pelez et coupez les tomates en dés. Nettoyez, épluchez et émincez les cébettes. Pressez le jus des citrons jaunes.

Au moment du barbecue

Dans un saladier, mélangez l'huile, le jus de citron, du sel et du poivre.

Ajoutez dans le saladier les cébettes, le boulgour soigneusement égoutté, les tomates, le persil et la menthe.

Dégustez bien frais en entrée, ou accompagné d'une grillade.

PRÉPARATION
15 MIN

REPOS
1 H

ASTUCE :

Rincer les céréales (boulgour, quinoa, riz...) permet d'en lever l'excédent d'amidon naturellement présent dans ces produits céréaliers, et favorise leur absorption par l'organisme tout en facilitant leur digestion.

SALADE ITALIENNE,
haricots, coppa et parmesan

INGRÉDIENTS

POUR 4 PERSONNES

10 tranches de coppa italienne • 800 g de haricots verts frais bio • 80 g de parmesan
1 sachet de mesclun soit 125 g environ • 4 cuil. à soupe de graines de sésame blanc • 1 oignon rouge • 8 feuilles de basilic frais bio • ½ citron jaune bio • 7 cuil. à soupe d'huile d'olive vierge extra
3 cuil. à soupe de vinaigre balsamique, de préférence de Modène • 8 tomates séchées • Sel • Poivre

Mise en place

Lavez et équeutez les haricots verts. Faites-les cuire dans une casserole d'eau légèrement salée pendant environ 10 min. Égouttez et plongez-les dans un bain d'eau froide.

Lavez le mesclun. Lavez les feuilles de basilic. Coupez les tomates séchées en petits dés. Épluchez et émincez finement l'oignon rouge. Pressez le jus du citron.

Taillez des copeaux de parmesan à l'économe.

Découpez les tranches de coppa en quatre.

Au moment du barbecue

Dans un saladier, mélangez l'huile, le vinaigre, le jus du citron, l'oignon rouge, du sel et du poivre.

Ajoutez le mesclun, les haricots verts et les tomates séchées, puis mélangez. Parsemez de coppa, de graines de sésame, de feuilles de basilic et de copeaux de parmesan.

Savourez ces bouchées italiennes en entrée ou en accompagnement.

PRÉPARATION
25 MIN

CUISSON
10 MIN

ASTUCE :

La coppa peut être remplacée par du chorizo pour un plat plus relevé ou par toute autre charcuterie sèche qui a votre préférence.

SALADE MEXICAINE
aux haricots rouges

INGRÉDIENTS

POUR 4 PERSONNES

2 tomates à chair ferme • ½ concombre • 200 g de haricots rouges cuits en conserve
200 g de maïs en conserve • ½ poivron rouge • ½ poivron vert • 1 oignon rouge
20 tortillas nature • 1 gousse d'ail • Quelques brins de persil • 5 cuil. à soupe d'huile d'olive
1 cuil. à soupe de vinaigre balsamique • Quelques gouttes de Tabasco • Sel • Poivre

Mise en place

Lavez, épluchez et coupez les tomates, le concombre et les poivrons en dés. Nettoyez et émincez l'oignon rouge. Épluchez et écrasez l'ail à l'aide d'un presse-ail. Rincez et ciselez finement le persil.

Égouttez les haricots rouges et le maïs.

Au moment du barbecue

Dans un saladier, mélangez l'huile, le vinaigre, l'ail, le Tabasco, le persil, du sel et du poivre.

Ajoutez les poivrons, les tomates, le concombre, les haricots rouges et le maïs puis mélangez.

Dressez dans des petits bols individuels en disposant les tortillas en couronne sur le pourtour des bols et servez en entrée ou en accompagnement.

PRÉPARATION
15 MIN

ASTUCE :

Afin de transformer cette entrée en plat complet et équilibré, il vous suffit d'ajouter, dans chaque bol, quelques miettes de thon en conserve au naturel.

TS DESSERTS DESSERTS DESSERTS DESSERTS DESSERTS DESSERTS DESSERTS DESSERTS DESSERTS DESSERTS DESSERTS
DESSERTS DESSERTS DESSERTS DESSERTS DESSERTS DESSERTS DESSERTS DESSERTS DESSERTS DESSERTS DESSERTS DESSERTS
ESSERTS DESSERTS DESSERTS DESSERTS DESSERTS DESSERTS DESSERTS DESSERTS DESSERTS DESSERTS DESSERTS DESSERTS

DESSERTS DESSERTS DESSERTS DESSERTS DESSERTS DESSERTS DESSERTS DESSERTS DESSERTS DESSERTS DESSERTS DESSERTS DESS
DESSERTS DESSERTS DESSERTS DESSERTS DESSERTS DESSERTS DESSERTS DESSERTS DESSERTS DESSERTS DESSERTS DESSEF
DESSERTS DESSERTS DESSERTS DESSERTS DESSERTS DESSERTS DESSERTS DESSERTS DESSERTS DESSERTS DESSERTS DESSERTS

DESSERTS

CAMEMBERT FERMIER *surprise*

INGRÉDIENTS

POUR 4 PERSONNES

2 camemberts fermiers au lait cru • 200 g de mascarpone
125 g de framboises • 6 figues fraîches violettes
6 cuil. à soupe de miel de romarin • 1 poignée de cerneaux de noix
1 poignée de pistaches • 1 gousse de vanille • 1 cuil. à café de cannelle

Mise en place - Au moins 1 h 30 avant le repas

Concassez les cerneaux de noix. Torréfiez-les à sec dans une poêle, puis laissez-les refroidir. Hachez grossièrement les figues.

Incisez la gousse de vanille sur toute sa longueur et prélevez ses graines. Dans un bol, mélangez le mascarpone, 4 cuillerées à soupe de miel, les graines de vanille et la cannelle.

Sortez les camemberts de leur boîte et retirez le papier. Coupez-les en deux dans l'épaisseur. À l'aide d'une cuillère, prélevez un peu de fromage au cœur pour les creuser légèrement. Quadrillez-les à l'aide d'un couteau, puis badigeonnez-les d'un peu de miel.

Étalez le mascarpone, puis parsemez de framboises, de figues, de noix et de pistaches. Nappez du reste de miel, puis recouvrez avec le disque supérieur de camembert. Pressez légèrement, puis placez chaque camembert sur une feuille de papier aluminium. Refermez-les en papillotes en serrant bien pour éviter que le fromage coule pendant la cuisson, puis réservez au frais jusqu'au repas.

Au moment du repas

Préchauffez la plancha sur feu doux, puis faites chauffer vos camemberts fermiers 10 min environ.

PRÉPARATION AVANT
30 MIN

CUISSON
10 MIN

ANANAS
au miel de romarin

INGRÉDIENTS

POUR 4-6 PERSONNES

2 petits ananas victoria • 6 cuil. à soupe de miel de romarin
5 brins de romarin • 1 gousse de vanille

Mise en place - Au moins 2 h 20 avant le barbecue

Pelez les ananas à vif, puis éliminez tous les yeux à l'aide d'un petit couteau pointu. Coupez-les en fins quartiers, éliminez leur cœur fibreux. Disposez les quartiers d'ananas dans un plat à bord haut, sans les superposer.

Incisez la gousse de vanille sur toute sa longueur et prélevez ses graines. Hachez les brins de romarin. Dans un bol, mélangez le miel avec les graines de vanille et le romarin. Versez ce miel parfumé sur les quartiers d'ananas, retournez-les plusieurs fois pour bien les enrober. Couvrez de film alimentaire et réservez au moins 2 h au frais.

Au moment du barbecue

Grillez les quartiers d'ananas 10 min environ (chaleur directe), en les tournant et en les badigeonnant régulièrement de leur miel. Finissez la cuisson, 5 min environ, en chaleur indirecte. Servez avec une boule de crème glacée à la vanille ou une sauce au chocolat noir.

PRÉPARATION AVANT
20 MIN

REPOS
2 H

CUISSON
15 MIN

TOPPINGS

NAPPAGE CHOCOLAT

200 g de chocolat noir • 20 cl de crème liquide • 125 g de sucre semoule

Dans une grande casserole, mélangez la crème liquide avec 40 cl d'eau et le sucre semoule. Hachez le chocolat noir et ajoutez-le dans la casserole. Portez à ébullition sur feu doux et sans cesser de remuer. Laissez chauffer en remuant jusqu'à l'obtention d'une sauce lisse et onctueuse.

Versez dans une saucière ou un pichet et laissez refroidir. Couvrez de film alimentaire et réservez ce nappage au frais jusqu'au dessert. Il vous suffira de le réchauffer au dernier moment.

Servez par exemple sur des poires ou des bananes entières.

CRÊPE ÉPAISSE
aux quetsches et notes de lavande

INGRÉDIENTS

POUR 4 PERSONNES

500 g de quetsches • 320 g de farine • 170 g de beurre
25 cl de lait • 80 g de cassonade • 3 œufs • 5 brins de lavande
1 sachet de levure chimique • 1 cuil. à soupe de fleurs de lavande (facultatif)
1 cuil. à soupe de sucre glace (pour la finition) • Sel

Mise en place - Au moins 2 h 45 avant le barbecue

Portez le lait à ébullition dans une petite casserole. Ajoutez les brins de lavande effeuillés, couvrez et laissez infuser 30 min hors du feu.

Passé ce délai, filtrez le lait infusé. Faites fondre 150 g de beurre dans une petite casserole. Dans un saladier, mélangez la farine avec la cassonade, la levure chimique et une pincée de sel. Creusez un puits au centre, versez-y le lait et commencez à mélanger à l'aide d'une spatule en bois. Incorporez les œufs et le beurre fondu. Mélangez bien jusqu'à l'obtention d'une pâte lisse et homogène, puis couvrez le saladier d'un linge propre. Réservez 1 h à température ambiante puis 1 h au frais.

Au moment du barbecue

Faites chauffer une poêle sur le barbecue. Lavez les quetsches, coupez-les en deux et retirez les noyaux. Détaillez-les en tranches épaisses.

Faites fondre 20 g de beurre dans la poêle bien chaude. Étalez-y la pâte, puis répartissez les tranches de quetsches. Couvrez et laissez cuire 25 min environ (chaleur directe), jusqu'à ce que la pâte soit bien dorée et cuite au centre. Saupoudrez de sucre glace et parsemez si vous le souhaitez de fleurs de lavande.

PRÉPARATION AVANT	REPOS	PRÉPARATION PENDANT	CUISSON
45 MIN	2 H 30	15 MIN	25 MIN

BRIOCHE PERDUE

et cocottes de fruits rouges marinés

INGRÉDIENTS

POUR 6 PERSONNES

1 grande brioche • 800 g de fruits rouges de votre choix
300 g de cassonade • 160 g de sucre semoule • 40 cl de lait
80 g de farine • 80 g de poudre d'amande • 3 jaunes d'œufs
40 g de beurre • 1 citron bio • 1 gousse de vanille • Sel

Mise en place - La veille du barbecue

Incisez la gousse de vanille sur toute sa longueur et prélevez ses graines. Prélevez le zeste du citron à l'aide d'un économe. Dans une grande casserole, mélangez 50 cl d'eau avec la cassonade. Ajoutez le zeste de citron, la gousse et les graines de vanille. Portez à ébullition et maintenez-la 2 min. Couvrez et laissez refroidir hors du feu. Lorsque le sirop est froid, versez-le dans 6 cocottes individuelles et ajoutez les fruits rouges. Couvrez et réservez une nuit au frais.

Au moment du barbecue

Sortez les cocottes du réfrigérateur.

Dans un saladier, fouettez les jaunes d'œufs avec 80 g de sucre semoule pendant 5 min. Incorporez le lait, puis versez cette crème dans un plat à bord haut. Détaillez la brioche en 12 tranches épaisses. Taillez-les en deux pour obtenir 24 triangles. Déposez-les dans le plat et laissez imbiber 10 min. Retournez et laissez imbiber 5 min supplémentaires.

Faites chauffer une poêle sur le barbecue.

Dans une assiette, mélangez la farine, la poudre d'amande, 80 g de sucre semoule et une pincée de sel. Égouttez un premier triangle de brioche à l'aide d'une fourchette. Déposez-le dans la panure, retournez-le délicatement pour bien l'enrober. Renouvelez l'opération avec tous les triangles de brioche. Réservez-les au fur et à mesure sur une plaque tapissée de papier cuisson.

Placez les petites cocottes de fruits rouges sur le barbecue pour les faire chauffer (chaleur indirecte).

Faites chauffer le beurre dans la poêle bien chaude. Lorsqu'il commence à mousser, faites dorer les triangles de brioche sur chaque face. Réservez-les au chaud au fur et à mesure, puis servez avec les cocottes de fruits rouges.

PRÉPARATION AVANT	REPOS	PRÉPARATION PENDANT	CUISSON
20 MIN	UNE NUIT	30 MIN	30 MIN

INDEX DES RECETTES

. Q, R .

. S .

. T .

CRÉDITS PHOTOGRAPHIQUES

Couverture : Shutterstock.

Dessins © Getty Images.

p. 7 : Photocuisine/Natalia Klenova; p. 9 Photocuisine/kleine Holthaus, Thorsten; p. 13 Photocuisine/Castilho; p. 21 Shutterstock; p. 25 Photocuisine/Great Stock!; p. 27 Photocuisine/Gräfe & Unzer Verlag/Schardt, Wolfgang; p. 29 Photocuisine/Johnson, Hugh; p. 31 Photocuisine/Jalag/Schardt; p. 33 Photocuisine/Carnet; p. 35 Photocuisine/Studio; p. 37 Photocuisine/FouchÈ; p. 39 Photocuisine/Jalag/Schardt; p. 41 Photocuisine/Loftus, David; p. 43 Photocuisine/Amiel; p. 45 Photocuisine/Jalag/Schardt, Wolfgang; p. 47 Photocuisine/Wissing, Michael; p. 49 Photocuisine/Hrbková, Alena; p. 51 Photocuisine/Wissing, Michael; p. 53 Photocuisine/Hrbková, Alena; p. 55 Photocuisine/Great Stock!; p. 57 Photocuisine/Hrbková, Alena; p. 59 Photocuisine/StockFood/Jalag/Schardt, Wolfgang; p. 61 Photocuisine/Gregson, Jonathan; p. 63 Photocuisine/Gräfe & Unzer Verlag/Suedfels, Thorsten, Wolfgang; p. 65 Photocuisine/Westermann, Jan-Peter; p. 67 Photocuisine/Gräfe & Unzer Verlag/Rynio, Jörn; p. 69 Photocuisine/People Pictures; p. 71 Photocuisine/Parissi, Lucy; p. 75 Photocuisine/kleine Holthaus, Thorsten; p. 79 Shutterstock; p. 83 Photocuisine/Great Stock!; p. 85 Photocuisine/Hrbková, Alena; p. 87 Photocuisine/Lerner, Danny; p. 89 Photocuisine/Castilho, Rua; p. 91 Photocuisine/Kleine Holthaus, Thorsten; p. 93 Photocuisine/Jalag/Schardt, Wolfgang; p. 95 Photocuisine/Great Stock!; p. 97 Photocuisine/Kleine Holthaus, Thorsten; p. 99 Photocuisine/Cassidy, Peter; p. 103 Photononstop/Stockfood/Winkelmann Bernhard; p. 105 Photononstop/Photocuisine/Foodcollection; p. 107 Photononstop/Photocuisine/Garnier; p. 109 Shutterstock; p. 113 Photononstop/Photocuisine/Erricson Colin; p. 115 Photononstop/Photocuisine/Caste; p. 121 Shutterstock; p. 123 Photononstop/Stockfood/Morgans Gareth; p. 125 Photononstop/Photocuisine/Nurra; p. 129 Photononstop/Stockfood/Wischnewski Jan; p. 131 Photononstop/Photocuisine/Foodcollection; p. 133 Photononstop/Stockfood/Robertson Lew; p. 135 Photononstop/Stockfood/Wissing Michael; p. 137 Photononstop/Photocuisine/Roulier-Turiot; p. 139 Photononstop/Stockfood/Major Tanja; p. 141 Photononstop/Photocuisine/Thys; p. 153 Photononstop/Stockfood/Morgans Gareth; p. 145 Photononstop/Photocuisine/Langot; p. 147 Photononstop/Photocuisine/Riou; p. 153 Photocuisine/StockFood; p. 151 Photocuisine/StockFood/Zogbaum; p. 155 Photocuisine/StockFood/Kosowicz, Karolina; p. 157 Photocuisine/StockFood/Jalag/Schardt, Wolfgang.

Direction d'édition : Nathalie Viard
Textes et recettes: Audrey Doret, Flavie Gusman

Éditions Marie Claire
Publiées par Société d'Information et de Créations - SIC
Une société de Marie Claire Album
10 bd des Frères Voisin - 92792 Issy-les-Moulineaux CEDEX 9
– France
Tél. 01 41 46 88 88
RCS Nanterre 302 114 509
SARL au capital de 822.000 euros

ISBN : 979-10-323-0878-3
N° Éditeur : 38369
Imprimé par Elcograf S.p.A., Vérone, Italie
Dépôt légal : avril 2023.
www.sotrendoo.com